RAPHAEL'S A

Ephemeris of tl

fo

A Complete Aspectarian

Mean Obliquity of the Ecliptic, 2023, 23°26′17″

INTRODUCTION

Greenwich Mean Time (GMT) has been used as the basis for all tabulations and times. The tabular data are for 12h GMT except for the additional Moon tabulations (headed 24h). All phenomena and aspect times are now in GMT (to obtain Local Mean Time of aspect, add / subtract the time equivalent of the longitude E / W respectively). The zodiacal sign ingresses are integrated with the Aspectarian as well as in a separate table (inside back cover). Additionally, the 10-daily positions for ***Chiron****, the four of the larger asteroids (****Ceres****,* ***Pallas****,* ***Juno*** *and* ***Vesta****) and the* ***Black Moon Lilith*** *have been drawn from Raphael's definitive 151-year Ephemeris (page 37).*

BRITISH SUMMER TIME

British Summer Time begins on March 26 and ends on October 29.
When *British Summer Time* (one hour in advance of G.M.T.) is used, subtract one hour from B.S.T. before entering this Ephemeris.
These dates are believed to be correct at the time of printing.

ISBN: 978 0 572 04825 9

A CIP record for this book is available from the British Library

Printed in Great Britain by Bishops Printers
(For earlier years phone 01256 302 692)

W. Foulsham & Co. Ltd. London
The Old Barrel Store, Draymans Lane,
Marlow, Bucks, SL7 2FF, England

NEW MOON – Jan.21,20h.53m. (1°♒33′)

D M	D W	Sidereal Time	☉ Long.	☉ Dec.	☽ Long.	☽ Lat.	☽ Dec.	☽ Node	24h. ☽ Long.	24h. ☽ Dec.
		h m s	° ′ ″	° ′	° ′ ″	° ′	° ′	° ′	° ′ ″	° ′
1	18	43 32 10	♑4 36 23	S0 0 9	♉ 8 27 0S	1 0 14	N39 10	♉ 11 16	♉ 14 13 17	N05
2	M	18 47 29	11 48 45	22 55	22 26 38	0 N57	19 18	10 08	28 36 09	21 17
3	T	18 51 25	12 49 53	22 49	4 ♊ 43 10	1 59	23 02	10 04	10 ♊ 48 02	24 31
4	W	18 55 22	13 51 01	22 43	16 51 04	2 55	25 42	10 01	22 52 34	26 35
5	Th	18 59 18	14 52 09	22 37	28 52 45	3 43	27 09	9 58	4 ♋ 51 51	27 24
6	F	19 03 15	15 53 17	22 30	10 ♋ 50 03	4 21	27 19	9 55	16 47 30	26 56
7	S	19 07 12	16 54 25	22 22	22 44 23	4 46	26 13	9 52	28 40 51	25 14
8	Su	19 11 08	17 55 33	22 14	4 ♌ 37 02	5 00	23 57	9 49	10 ♌ 33 08	22 25
9	M	19 15 05	18 56 40	22 06	16 29 21	5 00	20 39	9 45	22 25 54	18 41
10	T	19 19 01	19 57 48	21 57	28 23 03	4 47	16 31	9 42	4 ♍ 21 06	14 11
11	W	19 22 58	20 58 55	21 48	10 ♍ 20 24	4 21	11 43	9 39	16 21 21	9 08
12	Th	19 26 54	22 00 02	21 38	22 24 22	3 44	6 27	9 36	28 29 57	3 N40
13	F	19 30 51	23 01 09	21 28	4 ♎ 38 38	2 56	0 N51	9 33	10 ♎ 50 57	2 S 01
14	S	19 34 47	24 02 16	21 18	17 07 28	1 58	4 S 54	9 29	23 28 48	7 46
15	Su	19 38 44	25 03 23	21 07	29 55 31	0 N54	10 37	9 26	6 ♏ 28 11	13 22
16	M	19 42 41	26 04 30	20 56	13 ♏ 07 17	0 S 16	16 02	9 23	19 53 16	18 32
17	T	19 46 37	27 05 37	20 44	26 46 27	1 27	20 51	9 20	3 ♐ 47 02	22 54
18	W	19 50 34	28 06 44	20 32	10 ♐ 55 01	2 35	24 38	9 17	18 10 13	26 01
19	Th	19 54 30	29 ♑ 07 50	20 20	25 32 11	3 35	26 57	9 14	3 ♑ 00 17	27 25
20	F	19 58 27	0 ♒ 08 56	20 07	10 ♑ 33 34	4 22	27 23	9 10	18 10 56	26 49
21	S	20 02 23	1 10 01	19 54	25 51 01	4 52	25 45	9 07	3 ♒ 32 22	24 12
22	Su	20 06 20	2 11 06	19 40	11 ♒ 13 28	5 00	22 12	9 04	18 52 46	19 51
23	M	20 10 16	3 12 10	19 26	26 28 50	4 47	17 11	9 01	4 ♓ 00 24	14 16
24	T	20 14 13	4 13 13	19 12	11 ♓ 26 22	4 14	11 11	8 58	18 45 52	8 00
25	W	20 18 10	5 14 15	18 57	25 58 19	3 25	4 S 45	8 55	3 ♈ 03 22	1 S 29
26	Th	20 22 06	6 15 16	18 43	10 ♈ 00 51	2 26	1 N44	8 51	16 50 53	4 N53
27	F	20 26 03	7 16 16	18 27	23 33 41	1 20	7 55	8 48	0 ♉ 09 37	10 49
28	S	20 29 59	8 17 15	18 12	6 ♉ 39 11	0 S 12	13 33	8 45	13 02 55	16 07
29	Su	20 33 56	9 18 12	17 56	19 21 24	0 N55	18 27	8 42	25 35 16	20 34
30	M	20 37 52	10 19 09	17 39	1 ♊ 45 05	1 58	22 26	8 39	7 ♊ 51 29	24 02
31	T	20 41 49	11 ♒ 20 04	17 S 23	13 ♊ 55 01	2 N54	25 N21	8 ♉ 35	19 ♊ 56 14	26 N21

D M	Mercury Lat.	Mercury Dec.	Mercury Dec.	Venus Lat.	Venus Dec.	Venus Dec.	Mars Lat.	Mars Dec.	Mars Dec.	Jupiter Lat.	Jupiter Dec.
	° ′	° ′	° ′	° ′	° ′	° ′	° ′	° ′	° ′	° ′	° ′
1	1 N02	20 S 24	20 S 11	1 S 23	21 S 55	21 S 41	2 N 49	24 N35	24 N 34	1 S 17	0 S 41
3	1 40	20 01	19 52	1 26	21 26	21 11	2 50	24 33	24 32	1 17	0 34
5	2 17	19 45	19 40	1 28	20 55	20 38	2 50	24 31	24 30	1 16	0 28
7	2 47	19 36	19 33	1 30	20 20	20 02	2 50	24 30	24 29	1 16	0 21
9	3 08	19 33	19 33	1 31	19 44	19 25	2 51	24 29	24 28	1 15	0 14
11	3 20	19 35	19 38	1 33	19 05	18 45	2 50	24 28	24 28	1 15	0 S 07
13	3 22	19 42	19 47	1 34	18 24	18 03	2 50	24 28	24 28	1 14	0 N01
15	3 16	19 54	20 00	1 35	17 41	17 19	2 50	24 28	24 28	1 14	0 09
17	3 04	20 08	20 16	1 35	16 56	16 33	2 49	24 28	24 28	1 13	0 17
19	2 47	20 24	20 32	1 36	16 10	15 45	2 49	24 29	24 29	1 13	0 25
21	2 29	20 41	20 49	1 35	15 21	14 56	2 48	24 30	24 30	1 13	0 33
23	2 09	20 57	21 04	1 35	14 31	14 05	2 47	24 31	24 32	1 12	0 42
25	1 48	21 12	21 18	1 35	13 39	13 12	2 46	24 33	24 34	1 12	0 50
27	1 27	21 24	21 29	1 34	12 46	12 18	2 45	24 35	24 36	1 11	0 59
29	1 07	21 34	21 S 37	1 32	11 51	11 S 23	2 44	24 37	24 N 38	1 11	1 08
31	0 N47	21 S 40		1 S 31	10 S 55		2 N 43	24 N40		1 S 11	1 N17

FIRST QUARTER – Jan.28,15h.19m. (8°♉26′)

FULL MOON – Jan. 6,23h.08m. (16°♋22′)

EPHEMERIS]				JANUARY 2023														3
D	☿	♀	♂	♃	♄	♅	♆	♇	Lunar Aspects									
M	Long.	Long.	Long.	Long.	Long.	Long.	Long.	Long.	☉	☿	♀	♂	♃	♄	♅	♆	♇
	° ′	° ′	° ′	° ′	° ′	° ′	° ′	° ′									
1	23♑25	28♑01	8♊59	1♈15	22♒28	15♉08	22♓53	27♑40	△			⚺			☌	∠	
2	22R 43	29♑16	8R 51	1 23	22 34	15R 07	22 54	27 42	⚼	△			∠	□		⚹	△
3	21 50	0♒31	8 43	1 30	22 40	15 06	22 55	27 44		⚼	△	☌	⚹				
4	20 47	1 46	8 35	1 38	22 46	15 05	22 56	27 46			⚼			△	⚺		⚼
5	19 37	3 01	8 29	1 46	22 53	15 04	22 57	27 48					□		∠	□	
6	18 20	4 16	8 24	1 54	22 59	15 03	22 58	27 50	☍			⚺		⚼	⚹		
7	17 00	5 31	8 19	2 02	23 05	15 03	22 59	27 52		☍		∠				△	☍
8	15 39	6 46	8 15	2 10	23 11	15 02	23 00	27 54			☍	⚹	△			⚼	
9	14 20	8 01	8 12	2 19	23 18	15 01	23 02	27 56					⚼		□		
10	13 06	9 16	8 10	2 27	23 24	15 00	23 03	27 58		⚼				☍			
11	11 57	10 31	8 08	2 36	23 31	15 00	23 04	28 00	⚼	△		□			△		⚼
12	10 57	11 46	8 08	2 45	23 37	14 59	23 05	28 02	△		⚼					☍	△
13	10 05	13 01	8D 08	2 54	23 44	14 59	23 07	28 04		□		△	☍	⚼	⚼		
14	9 22	14 16	8 09	3 03	23 50	14 58	23 08	28 06			△	⚼					
15	8 50	15 31	8 10	3 12	23 57	14 58	23 09	28 08	□					△			□
16	8 27	16 46	8 13	3 22	24 04	14 58	23 11	28 10		⚹	□		⚼		☍	⚼	
17	8 13	18 01	8 16	3 31	24 10	14 57	23 12	28 12	⚹	∠			△	□		△	⚹
18	8 08	19 16	8 20	3 41	24 17	14 57	23 14	28 13	∠	⚺		☍					∠
19	8D 12	20 31	8 24	3 51	24 24	14 57	23 15	28 15	⚺		⚹			⚹	⚼	□	⚺
20	8 23	21 46	8 29	4 01	24 31	14 57	23 17	28 17		☌	∠		□	∠	△		
21	8 42	23 01	8 35	4 11	24 38	14 56	23 18	28 19	☌		⚺	⚼		⚺		⚹	☌
22	9 07	24 16	8 42	4 21	24 44	14 56	23 20	28 21		⚺		△	⚹		□	∠	
23	9 38	25 30	8 49	4 31	24 51	14D 56	23 21	28 23	⚺	∠	☌		∠	☌		⚺	⚺
24	10 15	26 45	8 57	4 42	24 58	14 56	23 23	28 25		⚹		□	⚺		⚹		∠
25	10 56	28 00	9 06	4 52	25 05	14 57	23 25	28 27	∠		⚺			⚺	∠	☌	⚹
26	11 42	29♒15	9 15	5 03	25 12	14 57	23 26	28 29	⚹	□	∠	⚹	☌	∠	⚺		
27	12 32	0♓29	9 25	5 14	25 19	14 57	23 28	28 31				∠		⚹		⚺	□
28	13 26	1 44	9 35	5 24	25 26	14 57	23 30	28 33	□		⚹	⚺	⚺			∠	
29	14 23	2 59	9 47	5 35	25 33	14 58	23 31	28 35		△			∠		☌	⚹	
30	15 22	4 13	9 58	5 46	25 40	14 58	23 33	28 37		⚼	□		⚹	□			△
31	16♑25	5♓28	10♊10	5♈58	25♒48	14♉58	23♓35	28♑39	△			☌			⚺		⚼

D	Saturn		Uranus		Neptune		Pluto	
M	Lat.	Dec.	Lat.	Dec.	Lat.	Dec.	Lat.	Dec.
	° ′	° ′	° ′	° ′	° ′	° ′	° ′	° ′
1	1S15	15S12	0S21	16N02	1S11	3S55	2S15	22S50
3	1 15	15 08	0 21	16 02	1 11	3 54	2 15	22 49
5	1 15	15 04	0 21	16 01	1 11	3 53	2 15	22 49
7	1 15	15 00	0 21	16 01	1 11	3 52	2 16	22 48
9	1 15	14 56	0 21	16 00	1 11	3 51	2 16	22 47
11	1 15	14 51	0 21	16 00	1 11	3 50	2 16	22 47
13	1 15	14 47	0 21	16 00	1 11	3 49	2 16	22 46
15	1 15	14 43	0 21	15 59	1 11	3 48	2 16	22 46
17	1 15	14 38	0 21	15 59	1 11	3 47	2 16	22 45
19	1 15	14 34	0 21	15 59	1 11	3 46	2 17	22 44
21	1 15	14 29	0 21	15 59	1 11	3 44	2 17	22 44
23	1 15	14 24	0 21	15 59	1 11	3 43	2 17	22 43
25	1 15	14 20	0 21	15 59	1 11	3 42	2 17	22 42
27	1 15	14 15	0 21	15 59	1 11	3 40	2 17	22 42
29	1 15	14 10	0 21	16 00	1 10	3 39	2 17	22 41
31	1S15	14S06	0S21	16N00	1S10	3S38	2S18	22S41

Mutual Aspects

1 ☉QΨ. ♀☌♇.
2 ☿⚺♄. ☿⚹Ψ.
3 ☉∥♇. 4 ♀⚹♃.
5 ☉±♂. ☉△♅. ☿Q♃.
6 ♄⚺Ψ.
7 ☉☌☿. ☉⊥♄. ☿⊥♄.
8 ☿△♅.
9 ☿±♂. ♀△♂. ♀∠Ψ.
10 ☿∥♀. 11 ☉Q♃.
12 ☿⚺♀. ☿QΨ. ♂Stat.
13 ☉⚼♂. ☉⚹Ψ.
14 ☉⚺♄.
15 ☿⊥♀. ☿∠♄. ♀□♅.
16 ♀⊥Ψ.
17 ☿∇♂. ♀∠♃.
18 ☉☌♇. ☿Stat.
19 ☉∥☿. ♀#♅.
21 ☿∇♂. ♀⚺Ψ.
22 ☿∠♀. ♀☌♄. ♅Stat.
23 ☿∠♄. ♀∥♄.
25 ☉⚹♃. ♀⚺♇.
26 ☿QΨ. ♀⊥♃.
28 ☉∠Ψ. 29 ♀Q♅.
30 ☉△♂. ☿△♅. ♀⊥♇.
31 ☿±♂. ♀⚺♃.

LAST QUARTER – Jan.15,02h.10m. (24°♎38′)

NEW MOON–Feb.20,07h.06m. (1°♓22′)

D M	D W	Sidereal Time	☉ Long.	☉ Dec.	☽ Long.	☽ Lat.	☽ Dec.	☽ Node	24h. ☽ Long.	24h. ☽ Dec.
		h m s	° ′ ″	° ′	° ′ ″	° ′	° ′	° ′	° ′ ″	° ′
1	W	20 45 45	12 ♒ 20 58	17 S 06	25 ♊ 55 36	3 N41	27 N03	8 ♉ 32	1 ♋ 53 35	27 N26
2	Th	20 49 42	13 21 51	16 49	7 ♋ 50 33	4 18	27 30	8 29	13 46 53	27 15
3	F	20 53 39	14 22 43	16 31	19 42 52	4 44	26 40	8 26	25 38 46	25 48
4	S	20 57 35	15 23 33	16 13	1 ♌ 34 47	4 57	24 38	8 23	7 ♌ 31 08	23 12
5	Su	21 01 32	16 24 22	15 55	13 27 58	4 58	21 32	8 20	19 25 27	19 38
6	M	21 05 28	17 25 10	15 37	25 23 41	4 45	17 32	8 16	1 ♍ 22 51	15 15
7	T	21 09 25	18 25 57	15 18	7 ♍ 23 06	4 20	12 49	8 13	13 24 35	10 15
8	W	21 13 21	19 26 43	14 59	19 27 32	3 43	7 35	8 10	25 32 09	4 N50
9	Th	21 17 18	20 27 27	14 40	1 ♎ 38 43	2 55	2 N01	8 07	7 ♎ 47 33	0 S 50
10	F	21 21 14	21 28 11	14 21	13 59 00	1 58	3 S 42	8 04	20 13 27	6 33
11	S	21 25 11	22 28 53	14 01	26 31 21	0 N55	9 23	8 01	2 ♏ 53 09	12 08
12	Su	21 29 08	23 29 34	13 41	9 ♏ 19 18	0 S 13	14 48	7 57	15 50 19	17 20
13	M	21 33 04	24 30 15	13 21	22 26 38	1 21	19 41	7 54	29 08 42	21 50
14	T	21 37 01	25 30 54	13 01	5 ♐ 56 52	2 27	23 43	7 51	12 ♐ 51 25	25 17
15	W	21 40 57	26 31 32	12 40	19 52 31	3 27	26 29	7 48	27 00 09	27 17
16	Th	21 44 54	27 32 09	12 20	4 ♑ 14 10	4 15	27 37	7 45	11 ♑ 34 11	27 29
17	F	21 48 50	28 32 45	11 59	18 59 36	4 48	26 51	7 41	26 29 35	25 43
18	S	21 52 47	29 ♒ 33 20	11 38	4 ♒ 03 09	5 02	24 08	7 38	11 ♒ 39 06	22 06
19	Su	21 56 43	0 ♓ 33 53	11 16	19 16 05	4 55	19 42	7 35	26 52 43	16 59
20	M	22 00 40	1 34 24	10 55	4 ♓ 27 37	4 27	14 01	7 32	11 ♓ 59 27	10 51
21	T	22 04 37	2 34 54	10 33	19 26 58	3 41	7 33	7 29	26 49 10	4 S 12
22	W	22 08 33	3 35 23	10 11	4 ♈ 05 12	2 41	0 S 50	7 26	11 ♈ 14 26	2 N30
23	Th	22 12 30	4 35 49	9 49	18 16 31	1 32	5 N44	7 22	25 11 14	8 52
24	F	22 16 26	5 36 14	9 27	1 ♉ 58 38	0 S 21	11 50	7 19	8 ♉ 38 54	14 37
25	S	22 20 23	6 36 36	9 05	15 12 21	0 N50	17 11	7 16	21 39 25	19 31
26	Su	22 24 19	7 36 57	8 43	28 00 38	1 56	21 36	7 13	4 ♊ 16 35	23 23
27	M	22 28 16	8 37 16	8 20	10 ♊ 27 52	2 54	24 53	7 10	16 35 07	26 05
28	T	22 32 12	9 ♓ 37 33	7 S 58	22 ♊ 38 57	3 N43	26 N57	7 ♉ 07	28 ♊ 40 01	27 N30

D M	Mercury Lat.	Mercury Dec.	Mercury Dec.	Venus Lat.	Venus Dec.	Venus Dec.	Mars Lat.	Mars Dec.	Mars Dec.	Jupiter Lat.	Jupiter Dec.
	° ′	° ′	° ′	° ′	° ′	° ′	° ′	° ′	° ′	° ′	° ′
1	0 N37	21 S 41	21 S 42	1 S 30	10 S 27	9 S 58	2 N 42	24 N41	24 N 42	1 S 11	1 N22
3	0 N18	21 41	21 40	1 28	9 29	9 00	2 41	24 44	24 45	1 10	1 31
5	0 00	21 37	21 33	1 26	8 31	8 01	2 40	24 47	24 48	1 10	1 41
7	0 S 17	21 28	21 22	1 24	7 31	7 01	2 39	24 50	24 51	1 10	1 50
9	0 34	21 15	21 06	1 21	6 31	6 01	2 38	24 53	24 55	1 09	2 00
11	0 49	20 56	20 45	1 18	5 30	5 00	2 36	24 56	24 58	1 09	2 10
13	1 03	20 33	20 19	1 15	4 29	3 58	2 35	25 00	25 01	1 09	2 20
15	1 15	20 04	19 48	1 11	3 27	2 56	2 34	25 03	25 04	1 08	2 30
17	1 27	19 31	19 12	1 07	2 25	1 54	2 32	25 06	25 08	1 08	2 40
19	1 37	18 52	18 30	1 03	1 22	0 S 51	2 31	25 09	25 11	1 08	2 50
21	1 46	18 08	17 44	0 59	0 S 20	0 N12	2 30	25 13	25 14	1 07	3 01
23	1 54	17 19	16 52	0 54	0 N43	1 15	2 28	25 16	25 17	1 07	3 11
25	2 00	16 24	15 55	0 49	1 46	2 17	2 27	25 19	25 20	1 07	3 22
27	2 05	15 25	14 53	0 44	2 49	3 20	2 26	25 22	25 23	1 07	3 32
29	2 08	14 20	13 S 45	0 39	3 51	4 N22	2 24	25 24	25 N 25	1 07	3 43
31	2 S 10	13 S 10		0 S 34	4 N53		2 N 23	25 N27		1 S 06	3 N54

FIRST QUARTER–Feb.27,08h.06m. (8°♊27′)

FULL MOON–Feb. 5,18h.29m. (16°♌41′)

D	☿	♀	♂	♃	♄	♅	♆	♇	Lunar Aspects								
M	Long.	Long.	Long.	Long.	Long.	Long.	Long.	Long.	☉	☿	♀	♂	♃	♄	♅	♆	♇
	° ′	° ′	° ′	° ′	° ′	° ′	° ′	° ′									
1	17♑30	6♓43	10♊23	6♈09	25♒55	14♉59	23♓37	28♑41	⚼					△	∠	□	
2	18 37	7 57	10 36	6 20	26 02	14 59	23 39	28 43			△	⊻	□	⚼			
3	19 47	9 12	10 50	6 32	26 09	15 00	23 40	28 45		☍	⚼				✱	△	
4	20 58	10 26	11 05	6 43	26 16	15 01	23 42	28 47				∠	△				☍
5	22 11	11 41	11 19	6 55	26 23	15 01	23 44	28 48	☍			✱			□	⚼	
6	23 26	12 55	11 35	7 07	26 30	15 02	23 46	28 50					⚼	☍			
7	24 43	14 09	11 50	7 19	26 38	15 03	23 48	28 52		⚼		□					
8	26 01	15 24	12 07	7 31	26 45	15 04	23 50	28 54			☍				△	☍	⚼
9	27 20	16 38	12 23	7 43	26 52	15 05	23 52	28 56	⚼	△					⚼		△
10	28♑40	17 52	12 41	7 55	26 59	15 05	23 54	28 58				△	☍	⚼			
11	0♒02	19 06	12 58	8 07	27 07	15 06	23 56	29 00	△	□		⚼		△			□
12	1 25	20 21	13 16	8 19	27 14	15 08	23 58	29 01			⚼				☍	⚼	
13	2 49	21 35	13 35	8 31	27 21	15 09	24 00	29 03	□		△		⚼	□		△	✱
14	4 14	22 49	13 53	8 44	27 28	15 10	24 02	29 05		✱			△				
15	5 41	24 03	14 13	8 56	27 36	15 11	24 04	29 07		∠	□	☍				□	∠
16	7 08	25 17	14 32	9 09	27 43	15 12	24 06	29 09	✱	⊻			□	✱	⚼		⊻
17	8 36	26 31	14 52	9 22	27 50	15 13	24 08	29 10	∠					∠	△	✱	
18	10 06	27 45	15 13	9 34	27 57	15 15	24 10	29 12	⊻	☌	✱	⚼	✱	⊻		∠	☌
19	11 36	28♓59	15 33	9 47	28 05	15 16	24 12	29 14			∠	△	∠		□	⊻	
20	13 07	0♈13	15 54	10 00	28 12	15 18	24 15	29 16	☌		⊻		⊻	☌			⊻
21	14 40	1 26	16 16	10 13	28 19	15 19	24 17	29 17		⊻		□			✱	☌	∠
22	16 13	2 40	16 38	10 26	28 26	15 21	24 19	29 19	⊻	∠	☌		☌	⊻	∠		✱
23	17 47	3 54	17 00	10 39	28 34	15 22	24 21	29 21	∠	✱		✱		∠	⊻	⊻	
24	19 22	5 07	17 22	10 52	28 41	15 24	24 23	29 22	✱		⊻	∠		✱			□
25	20 58	6 21	17 45	11 05	28 48	15 26	24 25	29 24				⊻	⊻		☌	∠	
26	22 35	7 35	18 08	11 19	28 55	15 27	24 28	29 26		□	∠		∠	□		✱	△
27	24 14	8 48	18 31	11 32	29 02	15 29	24 30	29 27	□		✱		✱		⊻		⚼
28	25♒53	10♈02	18♊55	11♈45	29♒10	15♉31	24♓32	29♑29		△		☌				□	

D	Saturn		Uranus		Neptune		Pluto	
M	Lat.	Dec.	Lat.	Dec.	Lat.	Dec.	Lat.	Dec.
	° ′	° ′	° ′	° ′	° ′	° ′	° ′	° ′
1	1S15	14S03	0S21	16N00	1S10	3S37	2S18	22S40
3	1 15	13 59	0 21	16 00	1 10	3 35	2 18	22 40
5	1 15	13 54	0 20	16 01	1 10	3 34	2 18	22 39
7	1 15	13 49	0 20	16 01	1 10	3 32	2 18	22 38
9	1 15	13 44	0 20	16 02	1 10	3 31	2 19	22 38
11	1 15	13 39	0 20	16 03	1 10	3 29	2 19	22 37
13	1 15	13 34	0 20	16 03	1 10	3 27	2 19	22 37
15	1 16	13 29	0 20	16 04	1 10	3 26	2 19	22 36
17	1 16	13 24	0 20	16 05	1 10	3 24	2 19	22 36
19	1 16	13 20	0 20	16 06	1 10	3 22	2 20	22 35
21	1 16	13 15	0 20	16 07	1 10	3 21	2 20	22 35
23	1 16	13 10	0 20	16 07	1 10	3 19	2 20	22 34
25	1 16	13 05	0 20	16 08	1 10	3 17	2 20	22 34
27	1 16	13 00	0 20	16 10	1 10	3 16	2 21	22 33
29	1 16	12 55	0 20	16 11	1 10	3 14	2 21	22 33
31	1S17	12S50	0S20	16N12	1S10	3S12	2S21	22S33

Mutual Aspects

3 ☿⊥♄. 4 ☉□♅.
5 ♀□♂. ☉#♅.
6 ☉⊥♆. ☿✱♆.
7 ♀∠♇.
8 ☿Q♃. ♀✱♅.
9 ☿⚼♂. ☿⊻♄.
10 ☿☌♇.
12 ☉∠♃. ☉⊻♆. ☉‖♄.
15 ♀☌♆. ♂⚼♇. ♀‖♆.
16 ☉☌♄. ♃⊥♅.
17 ☿∠♆. ♀#♃.
18 ☉⊻♇. ☿✱♃. ♀⊻♄. ♂⊻♅.
19 ♀✱♇. 20 ♀∠♅.
21 ☿□♅.
22 ☉Q♅. ☿△♂.
23 ☉⊥♃. ☿⊥♆.
24 ☉⊥♇. ♀Q♂. ♀⊥♄. ♃#♆.
26 ☉⊻♀. ☿∠♀. ☿#♅.
27 ☿⊻♆. ♃Q♇.
28 ♀⊥♅. ♀#♆.

LAST QUARTER–Feb.13,16h.01m. (24°♏40′)

NEW MOON–Mar.21,17h.23m. (0°♈50′)

D M	D W	Sidereal Time	☉ Long.	☉ Dec.	☽ Long.	☽ Lat.	☽ Dec.	☽ Node	24h. ☽ Long.	24h. ☽ Dec.
		h m s	° ′ ″	° ′	° ′ ″	° ′	° ′	° ′	° ′ ″	° ′
1	W	22 36 09	10 ♓ 37 48	7 S 35	4 ♋ 38 54	4 N22	27 N43	7 ♉ 03	10 ♋ 36 11	27 N37
2	Th	22 40 06	11 38 01	7 12	16 32 22	4 49	27 11	7 00	22 27 57	26 27
3	F	22 44 02	12 38 12	6 49	28 23 22	5 03	25 25	6 57	4 ♌ 19 03	24 07
4	S	22 47 59	13 38 21	6 26	10 ♌ 15 19	5 04	22 33	6 54	16 12 30	20 45
5	Su	22 51 55	14 38 28	6 03	22 10 50	4 52	18 43	6 51	28 10 33	16 30
6	M	22 55 52	15 38 33	5 40	4 ♍ 11 51	4 27	14 07	6 47	10 ♍ 14 53	11 35
7	T	22 59 48	16 38 36	5 16	16 19 47	3 50	8 56	6 44	22 26 41	6 10
8	W	23 03 45	17 38 37	4 53	28 35 42	3 02	3 N20	6 41	4 ♎ 46 56	0 N27
9	Th	23 07 41	18 38 36	4 30	11 ♎ 00 32	2 04	2 S27	6 38	17 16 38	5 S21
10	F	23 11 38	19 38 33	4 06	23 35 24	1 N00	8 14	6 35	29 56 59	11 03
11	S	23 15 35	20 38 29	3 43	6 ♏ 21 38	0 S09	13 47	6 32	12 ♏ 49 32	16 23
12	Su	23 19 31	21 38 23	3 19	19 20 57	1 19	18 49	6 28	25 56 09	21 04
13	M	23 23 28	22 38 16	2 55	2 ♐ 35 21	2 25	23 03	6 25	9 ♐ 18 50	24 45
14	T	23 27 24	23 38 07	2 32	16 06 47	3 25	26 07	6 22	22 59 23	27 07
15	W	23 31 21	24 37 56	2 08	29 56 43	4 15	27 41	6 19	6 ♑ 58 48	27 50
16	Th	23 35 17	25 37 44	1 44	14 ♑ 05 32	4 50	27 30	6 16	21 16 43	26 43
17	F	23 39 14	26 37 30	1 21	28 31 57	5 08	25 29	6 13	5 ♒ 50 45	23 49
18	S	23 43 10	27 37 14	0 57	13 ♒ 12 27	5 07	21 45	6 09	20 36 15	19 20
19	Su	23 47 07	28 36 57	0 33	28 01 17	4 45	16 37	6 06	5 ♓ 26 33	13 39
20	M	23 51 04	29 ♓ 36 37	0 S09	12 ♓ 51 00	4 04	10 29	6 03	20 13 38	7 12
21	T	23 55 00	0 ♈ 36 16	0 N14	27 33 27	3 07	3 S50	6 00	4 ♈ 49 31	0 S26
22	W	23 58 57	1 35 52	0 38	12 ♈ 01 01	1 58	2 N56	5 57	19 07 19	6 N14
23	Th	0 02 53	2 35 27	1 02	26 07 53	0 S44	9 24	5 53	3 ♉ 02 22	12 25
24	F	0 06 50	3 34 59	1 25	9 ♉ 50 34	0 N31	15 15	5 50	16 32 27	17 51
25	S	0 10 46	4 34 30	1 49	23 08 06	1 41	20 12	5 47	29 37 44	22 15
26	Su	0 14 43	5 33 58	2 13	6 ♊ 01 40	2 45	24 01	5 44	12 ♊ 20 20	25 28
27	M	0 18 39	6 33 24	2 36	18 34 11	3 39	26 35	5 41	24 43 45	27 22
28	T	0 22 36	7 32 47	3 00	0 ♋ 49 37	4 22	27 48	5 38	6 ♋ 52 21	27 54
29	W	0 26 33	8 32 08	3 23	12 52 33	4 52	27 40	5 34	18 50 50	27 06
30	Th	0 30 29	9 31 27	3 46	24 47 46	5 09	26 14	5 31	0 ♌ 43 56	25 05
31	F	0 34 26	10 ♈ 30 44	4 N10	6 ♌ 39 53	5 N13	23 N39	5 ♉ 28	12 ♌ 36 08	21 N59

D M	Mercury Lat.	Mercury Dec.		Venus Lat.	Venus Dec.		Mars Lat.	Mars Dec.		Jupiter Lat.	Jupiter Dec.
	° ′	° ′	° ′	° ′	° ′	° ′	° ′	° ′	° ′	° ′	° ′
1	2 S08	14 S20	13 S 45	0 S 39	3 N51	4 N22	2 N 24	25 N24	25 N 25	1 S 07	3 N43
3	2 10	13 10	12 33	0 34	4 53	5 24	2 23	25 27	25 28	1 06	3 54
5	2 09	11 54	11 15	0 28	5 55	6 26	2 22	25 29	25 30	1 06	4 04
7	2 07	10 34	9 52	0 22	6 56	7 26	2 20	25 31	25 32	1 06	4 15
9	2 04	9 09	8 24	0 16	7 57	8 27	2 19	25 33	25 33	1 06	4 26
11	1 58	7 38	6 51	0 10	8 56	9 26	2 17	25 34	25 35	1 06	4 37
13	1 50	6 03	5 14	0 S 04	9 55	10 25	2 16	25 35	25 36	1 05	4 48
15	1 40	4 24	3 32	0 N 02	10 54	11 22	2 15	25 36	25 36	1 05	4 59
17	1 28	2 40	1 S 47	0 09	11 51	12 19	2 13	25 36	25 37	1 05	5 10
19	1 13	0 S52	0 N 03	0 15	12 47	13 15	2 12	25 37	25 36	1 05	5 21
21	0 57	0 N58	1 54	0 22	13 42	14 09	2 11	25 36	25 36	1 05	5 32
23	0 38	2 51	3 47	0 29	14 35	15 02	2 10	25 36	25 35	1 05	5 43
25	0 S18	4 44	5 41	0 36	15 28	15 53	2 08	25 35	25 34	1 05	5 54
27	0 N04	6 37	7 33	0 42	16 19	16 43	2 07	25 33	25 32	1 04	6 05
29	0 27	8 28	9 N 21	0 49	17 08	17 N32	2 06	25 31	25 N 30	1 04	6 16
31	0 N51	10 N14		0 N 56	17 N55		2 N 04	25 N29		1 S 04	6 N27

FIRST QUARTER–Mar.29,02h.32m. (8°♋09′)

FULL MOON–Mar. 7,12h.40m. (16°♍40′)

EPHEMERIS]				MARCH	2023												7
D	☿	♀	♂	♃	♄	♅	♆	♇	Lunar Aspects								
M	Long.	Long.	Long.	Long.	Long.	Long.	Long.	Long.	☉	☿	♀	♂	♃	♄	♅	♆	♇
	° ′	° ′	° ′	° ′	° ′	° ′	° ′	° ′									
1	27♒33	11♈15	19♊19	11♈59	29♒17	15♉33	24♓34	29♑30						△	∠		
2	29♒14	12 28	19 43	12 12	29 24	15 35	24 36	29 32	△	⚼	□	⚺	□	⚼	✱		
3	0♓56	13 42	20 07	12 26	29 31	15 37	24 39	29 34	⚼							△	☍
4	2 39	14 55	20 32	12 39	29 38	15 39	24 41	29 35			△	∠	△		□	⚼	
5	4 24	16 08	20 57	12 53	29 45	15 41	24 43	29 37				✱	⚼				
6	6 09	17 21	21 22	13 07	29♒52	15 43	24 45	29 38		☍	⚼			☍			
7	7 55	18 34	21 47	13 20	0♓00	15 45	24 48	29 40	☍			□			△		⚼
8	9 43	19 47	22 13	13 34	0 07	15 47	24 50	29 41							⚼	☍	△
9	11 32	21 00	22 39	13 48	0 14	15 49	24 52	29 42					☍	⚼			
10	13 21	22 13	23 05	14 02	0 21	15 51	24 54	29 44		⚼	☍	△					□
11	15 12	23 25	23 31	14 16	0 28	15 54	24 57	29 45	⚼			⚼		△		⚼	
12	17 04	24 38	23 58	14 30	0 35	15 56	24 59	29 47	△	△					☍	△	
13	18 57	25 51	24 25	14 44	0 41	15 58	25 01	29 48					⚼	□			✱
14	20 52	27 03	24 52	14 58	0 48	16 01	25 04	29 49		□	⚼		△				∠
15	22 47	28 16	25 19	15 12	0 55	16 03	25 06	29 50	□		△	☍		✱	⚼	□	⚺
16	24 43	29♈28	25 46	15 26	1 02	16 06	25 08	29 52					□	∠	△		
17	26 41	0♉40	26 14	15 40	1 09	16 08	25 10	29 53	✱	✱	□			⚺		✱	☌
18	28♓39	1 53	26 41	15 54	1 16	16 11	25 13	29 54	∠	∠		⚼	✱		□	∠	
19	0♈38	3 05	27 09	16 08	1 22	16 13	25 15	29 55	⚺	⚺	✱	△	∠	☌		⚺	⚺
20	2 38	4 17	27 37	16 22	1 29	16 16	25 17	29 57			∠		⚺		✱		∠
21	4 38	5 29	28 06	16 37	1 36	16 18	25 20	29 58	☌			□		⚺	∠	☌	✱
22	6 39	6 41	28 34	16 51	1 42	16 21	25 22	29♑59		☌	⚺		☌	∠	⚺		
23	8 40	7 53	29 03	17 05	1 49	16 24	25 24	0♒00				✱		✱		⚺	□
24	10 41	9 05	29♊31	17 19	1 56	16 26	25 26	0 01	⚺	⚺	☌	∠			☌	∠	
25	12 41	10 17	0♋00	17 34	2 02	16 29	25 29	0 02	∠	∠			⚺			✱	
26	14 41	11 28	0 29	17 48	2 09	16 32	25 31	0 03	✱		⚺	⚺	∠	□			△
27	16 41	12 40	0 59	18 02	2 15	16 35	25 33	0 04		✱			✱		⚺		⚼
28	18 39	13 51	1 28	18 17	2 22	16 38	25 35	0 05			∠	☌		△	∠	□	
29	20 36	15 03	1 58	18 31	2 28	16 41	25 38	0 06	□		✱		□	⚼	✱		
30	22 30	16 14	2 27	18 46	2 34	16 43	25 40	0 07		□						△	☍
31	24♈23	17♉25	2♋57	19♈00	2♓40	16♉46	25♓42	0♒08	△			⚺				⚼	

D	Saturn		Uranus		Neptune		Pluto		Mutual Aspects
M	Lat.	Dec.	Lat.	Dec.	Lat.	Dec.	Lat.	Dec.	
	° ′	° ′	° ′	° ′	° ′	° ′	° ′	° ′	
1	1S17	12S53	0S20	16N11	1S10	3S13	2S21	22S33	
3	1 17	12 48	0 20	16 12	1 10	3 11	2 21	22 32	
5	1 17	12 43	0 20	16 14	1 10	3 09	2 22	22 32	
7	1 17	12 38	0 20	16 15	1 10	3 08	2 22	22 32	
9	1 17	12 33	0 20	16 16	1 10	3 06	2 22	22 31	
11	1 18	12 29	0 20	16 18	1 10	3 04	2 22	22 31	
13	1 18	12 24	0 20	16 19	1 10	3 02	2 23	22 31	
15	1 18	12 19	0 20	16 20	1 10	3 00	2 23	22 30	
17	1 18	12 15	0 20	16 22	1 10	2 59	2 23	22 30	
19	1 18	12 10	0 19	16 23	1 10	2 57	2 24	22 30	
21	1 19	12 05	0 19	16 25	1 10	2 55	2 24	22 30	
23	1 19	12 01	0 19	16 27	1 10	2 53	2 24	22 30	
25	1 19	11 57	0 19	16 28	1 10	2 51	2 24	22 29	
27	1 19	11 52	0 19	16 30	1 10	2 50	2 25	22 29	
29	1 20	11 48	0 19	16 32	1 10	2 48	2 25	22 29	
31	1S20	11S44	0S19	16N33	1S10	2S46	2S25	22S29	

Mutual Aspects

1 ☿∠♃. ♀Q♇. ♀∥♃.
2 ☿☌♄. ☿⚺♇. ♀☌♃.
3 ☉⚺♃. ♄⚺♇.
4 ♀∠♄. ☿∥♄.
5 ☉∠♇. ☿Q♅. ♀⚺♅. ☉#♀.
6 ☉✱♅. ☿⊥♇.
7 ☿⊥♃. ♂⊥♅.
9 ☉#♃.
10 ☿⚺♃. ☿#♀.
11 ☿✱♅. ☿∠♇. ♀✱♂.
12 ♀⚺♆. ♂±♇.
13 ☉∥♆.
14 ☿⊥♀. ♂□♆. ☿#♃.
15 ☉☌♆.
16 ☉□♂. ☿☌♆. ♀□♇.
17 ☉☌☿. ☿□♂. ♀✱♄. ♀⊥♆. ☿∥♆.
18 ♀#♄.
19 ☿⚺♄. ☿∠♅. ☿✱♇. ♃⚺♅.
20 ☉✱♇. ☉∥☿. ☉#☿.
21 ♃∠♄.
22 ☉⚺♄. ☉∠♅. ☿⚺♀.
23 ☿⊥♄. ♂Q♃. ☿#♆.
24 ☿⊥♅.
25 ☿Q♇. ♀∠♆. ♂∇♇.
26 ☉⊥♀. ☿∥♃.
27 ☿∠♄. ☿⚺♅. ♀∥♅.
28 ☿☌♃. ♀Q♄. ♂∠♅. ☉#♆.
29 ☉⊥♄. ☿Q♂.
30 ♀☌♅. ♂△♄.
31 ☉⊥♅.

LAST QUARTER–Mar.15,02h.08m. (24°♐13′)

NEW MOON – Apr.20,04h.12m. (29°♈50′)

D M	D W	Sidereal Time	☉ Long.	☉ Dec.	☽ Long.	☽ Lat.	☽ Dec.	☽ Node	24h. ☽ Long.	24h. ☽ Dec.
		h m s	° ′ ″	° ′	° ′ ″	° ′	° ′	° ′	° ′ ″	° ′
1	S	0 38 22	11 ♈ 29 58	4 N33	18 ♌ 33 11	5 N04	20 N05	5 ♉ 25	24 ♌ 31 29	17 N58
2	Su	0 42 19	12 29 10	4 56	0 ♍ 31 26	4 41	15 40	5 22	6 ♍ 33 23	13 13
3	M	0 46 15	13 28 20	5 19	12 37 40	4 06	10 36	5 18	18 44 33	7 53
4	T	0 50 12	14 27 27	5 42	24 54 16	3 19	5 N04	5 15	1 ♎ 06 59	2 N11
5	W	0 54 08	15 26 33	6 05	7 ♎ 22 51	2 21	0 S46	5 12	13 41 57	3 S43
6	Th	0 58 05	16 25 36	6 28	20 04 21	1 16	6 40	5 09	26 30 05	9 35
7	F	1 02 02	17 24 37	6 50	2 ♏ 59 09	0 N06	12 25	5 06	9 ♏ 31 33	15 09
8	S	1 05 58	18 23 37	7 13	16 07 14	1 S06	17 43	5 03	22 46 10	20 06
9	Su	1 09 55	19 22 34	7 35	29 28 17	2 16	22 15	4 59	6 ♐ 13 33	24 07
10	M	1 13 51	20 21 30	7 57	13 ♐ 01 53	3 19	25 39	4 56	19 53 12	26 50
11	T	1 17 48	21 20 24	8 19	26 47 26	4 12	27 36	4 53	3 ♑ 44 27	27 56
12	W	1 21 44	22 19 17	8 41	10 ♑ 44 09	4 51	27 50	4 50	17 46 21	27 16
13	Th	1 25 41	23 18 07	9 03	24 50 52	5 12	26 16	4 47	1 ♒ 57 27	24 51
14	F	1 29 37	24 16 56	9 25	9 ♒ 05 50	5 15	23 02	4 44	16 15 38	20 52
15	S	1 33 34	25 15 44	9 46	23 26 29	4 58	18 24	4 40	0 ♓ 37 55	15 39
16	Su	1 37 31	26 14 29	10 08	7 ♓ 49 26	4 23	12 42	4 37	15 00 30	9 35
17	M	1 41 27	27 13 13	10 29	22 10 31	3 31	6 S20	4 34	29 18 56	3 S02
18	T	1 45 24	28 11 55	10 50	6 ♈ 25 09	2 27	0 N18	4 31	13 ♈ 28 35	3 N37
19	W	1 49 20	29 ♈ 10 35	11 11	20 28 45	1 S14	6 51	4 28	27 25 08	9 59
20	Th	1 53 17	0 ♉ 09 13	11 32	4 ♉ 17 21	0 N02	12 58	4 24	11 ♉ 05 04	15 46
21	F	1 57 13	1 07 49	11 52	17 48 03	1 16	18 21	4 21	24 26 08	20 40
22	S	2 01 10	2 06 24	12 12	0 ♊ 59 15	2 24	22 42	4 18	7 ♊ 27 28	24 26
23	Su	2 05 06	3 04 56	12 32	13 50 53	3 23	25 49	4 15	20 09 42	26 53
24	M	2 09 03	4 03 27	12 52	26 24 13	4 11	27 34	4 12	2 ♋ 34 46	27 55
25	T	2 13 00	5 01 55	13 12	8 ♋ 41 45	4 47	27 55	4 09	14 45 39	27 35
26	W	2 16 56	6 00 21	13 31	20 46 58	5 08	26 55	4 05	26 46 12	25 56
27	Th	2 20 53	6 58 45	13 51	2 ♌ 43 56	5 17	24 41	4 02	8 ♌ 40 44	23 10
28	F	2 24 49	7 57 07	14 10	14 37 11	5 11	21 24	3 59	20 33 51	19 26
29	S	2 28 46	8 55 27	14 28	26 31 19	4 53	17 15	3 56	2 ♍ 30 09	14 55
30	Su	2 32 42	9 ♉ 53 44	14 N47	8 ♍ 30 52	4 N21	12 N25	3 ♉ 53	14 ♍ 34 00	9 N47

D M	Mercury Lat.	Mercury Dec.		Venus Lat.	Venus Dec.		Mars Lat.	Mars Dec.		Jupiter Lat.	Jupiter Dec.
	° ′	° ′	° ′	° ′	° ′	° ′	° ′	° ′	° ′	° ′	° ′
1	1 N03	11 N05	11 N 55	0 N 59	18 N19	18 N41	2 N 04	25 N27	25 N 26	1 S 04	6 N33
3	1 26	12 42	13 27	1 06	19 03	19 25	2 03	25 24	25 23	1 04	6 44
5	1 48	14 11	14 51	1 13	19 47	20 07	2 01	25 21	25 19	1 04	6 54
7	2 08	15 29	16 04	1 19	20 28	20 47	2 00	25 17	25 14	1 04	7 05
9	2 26	16 37	17 07	1 26	21 07	21 25	1 59	25 12	25 10	1 04	7 16
11	2 41	17 33	17 57	1 32	21 44	22 01	1 58	25 07	25 04	1 04	7 27
13	2 51	18 18	18 35	1 38	22 18	22 35	1 56	25 01	24 58	1 04	7 38
15	2 58	18 50	19 01	1 45	22 51	23 06	1 55	24 55	24 52	1 04	7 49
17	3 00	19 10	19 15	1 51	23 21	23 35	1 54	24 49	24 45	1 04	7 59
19	2 57	19 17	19 16	1 56	23 49	24 01	1 53	24 42	24 38	1 04	8 10
21	2 48	19 12	19 05	2 02	24 14	24 25	1 51	24 34	24 30	1 04	8 21
23	2 34	18 55	18 42	2 07	24 37	24 47	1 50	24 26	24 22	1 04	8 31
25	2 15	18 26	18 08	2 12	24 57	25 06	1 49	24 17	24 13	1 04	8 42
27	1 51	17 48	17 25	2 17	25 14	25 22	1 48	24 08	24 03	1 04	8 52
29	1 22	17 00	16 N 34	2 22	25 29	25 N36	1 47	23 58	23 N 53	1 04	9 03
31	0 N50	16 N07		2 N 26	25 N42		1 N 46	23 N48		1 S 04	9 N13

FIRST QUARTER – Apr.27,21h.20m. (7°♌21′)

FULL MOON–Apr. 6,04h.34m. (16°♎07′)

D M	☿ Long.	♀ Long.	♂ Long.	♃ Long.	♄ Long.	♅ Long.	♆ Long.	♇ Long.	☉	☿	♀	♂	♃	♄	♅	♆	♇
	° ′	° ′	° ′	° ′	° ′	° ′	° ′	° ′									
1	26♈12	18♉36	3♋27	19♈14	2♓47	16♉49	25♓44	0♒09			□	∠	△		□		
2	27 59	19 47	3 57	19 29	2 53	16 52	25 46	0 10	⚼	△		✱	⚼	☍			
3	29♈42	20 58	4 27	19 43	2 59	16 55	25 49	0 10		⚼					△		⚼
4	1♉21	22 09	4 58	19 58	3 05	16 58	25 51	0 11			△					☍	△
5	2 55	23 19	5 28	20 12	3 11	17 01	25 53	0 12			⚼	□			⚼		
6	4 26	24 30	5 59	20 27	3 17	17 05	25 55	0 13	☍				☍	⚼			
7	5 51	25 40	6 29	20 41	3 23	17 08	25 57	0 13		☍		△		△			□
8	7 11	26 51	7 00	20 56	3 29	17 11	25 59	0 14				⚼			☍	⚼	
9	8 26	28 01	7 31	21 10	3 35	17 14	26 02	0 15	⚼		☍			□		△	✱
10	9 35	29♉11	8 02	21 25	3 40	17 17	26 04	0 15					⚼				∠
11	10 39	0♊21	8 33	21 39	3 46	17 20	26 06	0 16	△	⚼			△		⚼	□	⚺
12	11 36	1 31	9 05	21 54	3 52	17 23	26 08	0 17		△	⚼	☍		✱	△		
13	12 28	2 41	9 36	22 08	3 57	17 27	26 10	0 17	□				□	∠		✱	☌
14	13 13	3 50	10 07	22 23	4 03	17 30	26 12	0 18		□	△			⚺		∠	
15	13 53	5 00	10 39	22 37	4 08	17 33	26 14	0 18	✱			⚼	✱		□	⚺	⚺
16	14 26	6 09	11 11	22 52	4 14	17 37	26 16	0 19	∠	✱	□	△	∠	☌			
17	14 52	7 19	11 42	23 06	4 19	17 40	26 18	0 19	⚺				⚺		✱	☌	∠
18	15 13	8 28	12 14	23 20	4 24	17 43	26 20	0 19		∠	✱	□		⚺	∠		✱
19	15 27	9 37	12 46	23 35	4 29	17 46	26 22	0 20		⚺	∠		☌	∠	⚺	⚺	
20	15 35	10 46	13 18	23 49	4 35	17 50	26 24	0 20	☌					✱			□
21	15R 37	11 55	13 50	24 04	4 40	17 53	26 26	0 20		☌	⚺	✱	⚺		☌	∠	
22	15 34	13 03	14 23	24 18	4 45	17 57	26 28	0 21	⚺			∠		□		✱	△
23	15 24	14 12	14 55	24 33	4 50	18 00	26 30	0 21	∠	⚺	☌	⚺	∠		⚺		⚼
24	15 10	15 20	15 27	24 47	4 54	18 03	26 32	0 21		∠			✱			□	
25	14 50	16 28	16 00	25 01	4 59	18 07	26 34	0 21	✱	✱				△	∠		
26	14 26	17 36	16 32	25 16	5 04	18 10	26 36	0 21			⚺	☌	□	⚼	✱	△	
27	13 58	18 44	17 05	25 30	5 09	18 14	26 38	0 22	□		∠						☍
28	13 27	19 52	17 38	25 44	5 13	18 17	26 39	0 22		□	✱	⚺			□	⚼	
29	12 53	20 59	18 10	25 59	5 18	18 20	26 41	0 22					△				
30	12♉16	22♊07	18♋43	26♈13	5♓22	18♉24	26♓43	0♒22	△	△		∠	⚼	☍			

D M	Saturn Lat.	Saturn Dec.	Uranus Lat.	Uranus Dec.	Neptune Lat.	Neptune Dec.	Pluto Lat.	Pluto Dec.
	° ′	° ′	° ′	° ′	° ′	° ′	° ′	° ′
1	1S20	11S41	0S19	16N34	1S10	2S45	2S26	22S29
3	1 20	11 37	0 19	16 36	1 10	2 44	2 26	22 29
5	1 21	11 33	0 19	16 38	1 10	2 42	2 26	22 29
7	1 21	11 29	0 19	16 39	1 10	2 40	2 26	22 29
9	1 21	11 25	0 19	16 41	1 11	2 39	2 27	22 29
11	1 22	11 22	0 19	16 43	1 11	2 37	2 27	22 29
13	1 22	11 18	0 19	16 45	1 11	2 35	2 27	22 29
15	1 22	11 14	0 19	16 47	1 11	2 34	2 28	22 29
17	1 23	11 11	0 19	16 49	1 11	2 32	2 28	22 29
19	1 23	11 07	0 19	16 51	1 11	2 31	2 28	22 30
21	1 23	11 04	0 19	16 52	1 11	2 29	2 29	22 30
23	1 24	11 00	0 19	16 54	1 11	2 28	2 29	22 30
25	1 24	10 57	0 19	16 56	1 11	2 26	2 29	22 30
27	1 24	10 54	0 19	16 58	1 11	2 25	2 30	22 30
29	1 25	10 51	0 19	17 00	1 11	2 24	2 30	22 31
31	1S25	10S49	0S19	17N02	1S11	2S22	2S30	22S31

Mutual Aspects

1 ☿⚺♆. ♀∠♂.
2 ☉Q♇. ♀⚺♃. ☿#♄.
3 ☿□♇. 4 ☿⊥♆.
5 ☿✱♄.
7 ☉⚺♅. ♀✱♆.
8 ☉∠♄. ☿✱♂. ♀⊥♃. ☉∥♃.
9 ☿∥♅.
11 ☉☌♃. ☿∠♆. ♀△♇.
14 ♀⊥♂. ♀□♄. ♀#♇.
16 ☉⚺♆.
18 ♀∠♃. ♀Q♆.
19 ☉#♄. 20 ☉□♇.
21 ☿Stat.
22 ☉⊥♆. ♀∥♂.
23 ☉Q♂.
24 ☿⚺♀. ☿✱♂. ♀⚺♂. ♀⚼♇.
25 ☉✱♄. 27 ♀⚺♅.
28 ☿⊥♀.
29 ♂✱♅. ☿∥♅.

LAST QUARTER–Apr.13,09h.11m. (23°♑11′)

NEW MOON–May 19,15h.53m. (28° ♉ 25′)

D M	D W	Sidereal Time	☉ Long.	☉ Dec.	☽ Long.	☽ Lat.	☽ Dec.	☽ Node	24h. ☽ Long.	24h. ☽ Dec.
		h m s	° ′ ″	° ′	° ′ ″	° ′	° ′	° ′	° ′ ″	° ′
1	M	2 36 39	10 ♉ 52 00	15 N05	20 ♍ 40 01	3 N38	7 N02	3 ♉ 50	26 ♍ 49 21	4 N12
2	T	2 40 35	11 50 13	15 23	3 ♎ 02 22	2 43	1 N17	3 46	9 ♎ 19 25	1 S40
3	W	2 44 32	12 48 25	15 41	15 40 44	1 40	4 S38	3 43	22 06 30	7 36
4	Th	2 48 29	13 46 35	15 58	28 36 52	0 N30	10 31	3 40	5 ♏ 11 49	13 21
5	F	2 52 25	14 44 43	16 16	11 ♏ 51 21	0 S43	16 04	3 37	18 35 18	18 38
6	S	2 56 22	15 42 49	16 33	25 23 29	1 55	20 58	3 34	2 ♐ 15 36	23 03
7	Su	3 00 18	16 40 54	16 49	9 ♐ 11 21	3 02	24 50	3 30	16 10 17	26 14
8	M	3 04 15	17 38 58	17 06	23 12 00	3 59	27 15	3 27	0 ♑ 16 01	27 49
9	T	3 08 11	18 37 00	17 22	7 ♑ 21 50	4 42	27 56	3 24	14 29 00	27 35
10	W	3 12 08	19 35 00	17 38	21 37 01	5 08	26 46	3 21	28 45 26	25 32
11	Th	3 16 04	20 32 59	17 53	5 ♒ 53 50	5 15	23 53	3 18	13 ♒ 01 50	21 52
12	F	3 20 01	21 30 57	18 08	20 09 04	5 03	19 33	3 15	27 15 15	16 57
13	S	3 23 58	22 28 54	18 23	4 ♓ 20 04	4 32	14 08	3 11	11 ♓ 23 19	11 09
14	Su	3 27 54	23 26 49	18 38	18 24 44	3 45	8 02	3 08	25 24 08	4 S50
15	M	3 31 51	24 24 43	18 52	2 ♈ 21 20	2 46	1 S36	3 05	9 ♈ 16 09	1 N39
16	T	3 35 47	25 22 36	19 06	16 08 24	1 37	4 N52	3 02	22 57 55	8 00
17	W	3 39 44	26 20 27	19 20	29 44 31	0 S23	11 01	2 59	6 ♉ 28 03	13 53
18	Th	3 43 40	27 18 17	19 33	13 ♉ 08 22	0 N50	16 35	2 56	19 45 19	19 03
19	F	3 47 37	28 16 06	19 46	26 18 47	1 59	21 16	2 52	2 ♊ 48 40	23 12
20	S	3 51 33	29 ♉ 13 54	19 59	9 ♊ 14 55	3 01	24 49	2 49	15 37 31	26 07
21	Su	3 55 30	0 ♊ 11 40	20 11	21 56 30	3 53	27 04	2 46	28 11 57	27 40
22	M	3 59 27	1 09 25	20 23	4 ♋ 23 59	4 32	27 54	2 43	10 ♋ 32 48	27 48
23	T	4 03 23	2 07 08	20 35	16 38 40	4 59	27 20	2 40	22 41 51	26 34
24	W	4 07 20	3 04 50	20 46	28 42 45	5 11	25 29	2 36	4 ♌ 41 44	24 08
25	Th	4 11 16	4 02 30	20 57	10 ♌ 39 16	5 10	22 32	2 33	16 35 51	20 42
26	F	4 15 13	5 00 09	21 08	22 32 01	4 55	18 39	2 30	28 28 20	16 26
27	S	4 19 09	5 57 46	21 18	4 ♍ 25 21	4 28	14 03	2 27	10 ♍ 23 43	11 32
28	Su	4 23 06	6 55 22	21 28	16 23 59	3 49	8 53	2 24	22 26 49	6 09
29	M	4 27 02	7 52 56	21 37	28 32 46	3 00	3 N19	2 21	4 ♎ 42 26	0 N26
30	T	4 30 59	8 50 29	21 46	10 ♎ 56 20	2 00	2 S29	2 17	17 14 59	5 S25
31	W	4 34 56	9 ♊ 48 00	21 N55	23 ♎ 38 48	0 N54	8 S21	2 ♉ 14	0 ♏ 08 09	11 S13

D M	Mercury Lat.	Mercury Dec.		Venus Lat.	Venus Dec.		Mars Lat.	Mars Dec.		Jupiter Lat.	Jupiter Dec.
	° ′	° ′	° ′	° ′	° ′	° ′	° ′	° ′	° ′	° ′	° ′
1	0 N50	16 N07	15 N 39	2 N 26	25 N42	25 N47	1 N 46	23 N48	23 N 42	1 S 04	9 N13
3	0 N16	15 11	14 42	2 30	25 52	25 56	1 44	23 37	23 31	1 04	9 23
5	0 S19	14 14	13 46	2 34	25 59	26 01	1 43	23 25	23 19	1 04	9 33
7	0 53	13 20	12 55	2 37	26 03	26 04	1 42	23 13	23 07	1 04	9 43
9	1 25	12 31	12 10	2 40	26 05	26 05	1 41	23 01	22 54	1 04	9 53
11	1 54	11 50	11 33	2 42	26 04	26 03	1 40	22 48	22 41	1 04	10 03
13	2 20	11 18	11 05	2 44	26 01	25 58	1 39	22 34	22 27	1 04	10 13
15	2 43	10 55	10 47	2 46	25 55	25 51	1 38	22 20	22 13	1 04	10 22
17	3 01	10 42	10 39	2 47	25 47	25 42	1 36	22 06	21 58	1 04	10 32
19	3 15	10 38	10 40	2 48	25 36	25 30	1 35	21 50	21 43	1 04	10 41
21	3 25	10 44	10 50	2 48	25 23	25 16	1 34	21 35	21 27	1 04	10 51
23	3 32	10 59	11 09	2 48	25 08	24 59	1 33	21 18	21 10	1 05	11 00
25	3 35	11 21	11 35	2 47	24 50	24 40	1 32	21 02	20 53	1 05	11 09
27	3 35	11 51	12 08	2 45	24 30	24 20	1 31	20 44	20 36	1 05	11 18
29	3 31	12 27	12 N 47	2 43	24 08	23 N57	1 30	20 27	20 N 18	1 05	11 27
31	3 S 25	13 N09		2 N 40	23 N45		1 N 29	20 N09		1 S 05	11 N35

FIRST QUARTER–May 27,15h.22m. (6° ♍ 06′)

FULL MOON–May 5,17h.34m. (14°♏58′)

EPHEMERIS] MAY 2023

D M	☿ Long.	♀ Long.	♂ Long.	♃ Long.	♄ Long.	♅ Long.	♆ Long.	♇ Long.	☉	☿	♀	♂	♃	♄	♅	♆	♇
	° ′	° ′	° ′	° ′	° ′	° ′	° ′	° ′									
1	11♉38	23♊14	19♋16	26♈27	5♓26	18♉27	26♓45	0♒22	⚼	⚼	□	✱			△	☍	⚼
2	11R 00	24 21	19 49	26 41	5 31	18 31	26 46	0R 22							⚼		△
3	10 21	25 28	20 22	26 55	5 35	18 34	26 48	0 22				□		⚼			
4	9 43	26 35	20 56	27 10	5 39	18 38	26 50	0 22			△		☍				□
5	9 06	27 41	21 29	27 24	5 43	18 41	26 52	0 22	☍	☍	⚼			△		⚼	
6	8 31	28 47	22 02	27 38	5 47	18 45	26 53	0 22				△			☍	△	✱
7	7 58	29♊53	22 35	27 52	5 51	18 48	26 55	0 21				⚼	⚼	□			∠
8	7 28	0♋59	23 09	28 06	5 55	18 52	26 56	0 21		⚼			△			□	
9	7 02	2 05	23 42	28 20	5 58	18 55	26 58	0 21	⚼	△	☍			✱	⚼		⚺
10	6 40	3 10	24 16	28 34	6 02	18 58	27 00	0 21	△			☍	□	∠	△	✱	
11	6 21	4 16	24 50	28 48	6 06	19 02	27 01	0 21		□				⚺		∠	☌
12	6 07	5 21	25 23	29 02	6 09	19 05	27 03	0 20	□		⚼				□	⚺	
13	5 57	6 25	25 57	29 16	6 12	19 09	27 04	0 20		✱	△	⚼	✱	☌			⚺
14	5 52	7 30	26 31	29 29	6 16	19 12	27 06	0 20	✱	∠			∠		✱		∠
15	5D 51	8 34	27 05	29 43	6 19	19 16	27 07	0 19		⚺	□	△	⚺	⚺	∠	☌	✱
16	5 55	9 38	27 39	29♈57	6 22	19 19	27 08	0 19	∠					∠	⚺		
17	6 04	10 42	28 13	0♉11	6 25	19 23	27 10	0 18	⚺	☌		□	☌	✱		⚺	□
18	6 17	11 46	28 47	0 24	6 28	19 26	27 11	0 18			✱				☌	∠	
19	6 35	12 49	29 21	0 38	6 31	19 30	27 13	0 17	☌		∠	✱	⚺			✱	△
20	6 57	13 52	29♋55	0 52	6 34	19 33	27 14	0 17		⚺	⚺	∠		□			⚼
21	7 23	14 55	0♌29	1 05	6 36	19 37	27 15	0 16		∠			∠		⚺	□	
22	7 53	15 57	1 04	1 18	6 39	19 40	27 16	0 16	⚺	✱		⚺	✱	△	∠		
23	8 28	17 00	1 38	1 32	6 41	19 43	27 18	0 15	∠		☌			⚼	✱		
24	9 06	18 01	2 12	1 45	6 44	19 47	27 19	0 15	✱			☌	□			△	☍
25	9 49	19 03	2 47	1 59	6 46	19 50	27 20	0 14		□						⚼	
26	10 35	20 04	3 21	2 12	6 48	19 54	27 21	0 13			⚺				□		
27	11 24	21 05	3 56	2 25	6 50	19 57	27 22	0 13	□		∠	⚺	△	☍			
28	12 17	22 06	4 30	2 38	6 53	20 00	27 23	0 12		△		∠	⚼		△		⚼
29	13 14	23 06	5 05	2 51	6 54	20 04	27 24	0 11		⚼	✱					☍	△
30	14 14	24 06	5 40	3 04	6 56	20 07	27 25	0 11	△			✱			⚼		
31	15♉17	25♋05	6♌14	3♉17	6♓58	20♉10	27♓26	0♒10	⚼		□			⚼			

D M	Saturn Lat.	Saturn Dec.	Uranus Lat.	Uranus Dec.	Neptune Lat.	Neptune Dec.	Pluto Lat.	Pluto Dec.
	° ′	° ′	° ′	° ′	° ′	° ′	° ′	° ′
1	1S25	10S49	0S19	17N02	1S11	2S22	2S30	22S31
3	1 25	10 46	0 19	17 04	1 11	2 21	2 31	22 31
5	1 26	10 43	0 19	17 06	1 11	2 20	2 31	22 32
7	1 26	10 41	0 19	17 08	1 11	2 18	2 31	22 32
9	1 27	10 38	0 19	17 10	1 11	2 17	2 32	22 33
11	1 27	10 36	0 19	17 12	1 12	2 16	2 32	22 33
13	1 27	10 34	0 19	17 14	1 12	2 15	2 32	22 33
15	1 28	10 32	0 19	17 15	1 12	2 14	2 33	22 34
17	1 28	10 30	0 19	17 17	1 12	2 13	2 33	22 34
19	1 29	10 29	0 19	17 19	1 12	2 12	2 33	22 35
21	1 29	10 27	0 19	17 21	1 12	2 11	2 33	22 35
23	1 30	10 26	0 19	17 23	1 12	2 10	2 34	22 36
25	1 30	10 24	0 19	17 25	1 12	2 09	2 34	22 37
27	1 30	10 23	0 19	17 27	1 12	2 09	2 34	22 37
29	1 31	10 22	0 19	17 28	1 12	2 08	2 35	22 38
31	1S31	10S21	0S19	17N30	1S12	2S07	2S35	22S38

Mutual Aspects

1 ☉☌☿. ☿∠♆. ♇Stat.
2 ☉∠♆. ♀⊥♅. ♀±♇. ♃⚺♆. ☉∥[illegible]
3 ☿∠♀. ♂⚼♄.
4 ♀□♆.
5 ☿Q♂. ♀✱♃.
7 ♀⊽♇.
8 ☉Q♄. ☉∥♅.
9 ☉☌♅.
11 ♀∠♅.
12 ☿✱♄.
13 ☿✱♀. ♀△♄. ♂♯♇.
15 ♂△♆. ♄⊥♇. ☿Stat.
17 ♃♯♄.
18 ☉✱♆. ♃□♇. ☿∥♃.
19 ☿✱♄. ♀Q♃.
21 ☉△♇. ♂±♄. ♂☍♇.
22 ☉✱♂. ☉⚺♃.
23 ♂□♃. ♂Q♅. ☿∥♃.
25 ☉∠♀. ☉∥♂.
26 ♀✱♅.
28 ☉□♄. ☿∠♆. ♀⚼♄.
30 ☉⊥♃.
31 ☉Q♆.

LAST QUARTER–May 12,14h.28m. (21°♒37′)

NEW MOON – June18,04h.37m. (26° ♊ 43′)

D M	D W	Sidereal Time	☉ Long.	☉ Dec.	☽ Long.	☽ Lat.	☽ Dec.	☽ Node	24h. ☽ Long.	24h. ☽ Dec.
		h m s	° ′ ″	° ′	° ′ ″	° ′	° ′	° ′	° ′ ″	° ′
1	Th	4 38 52	10 ♊ 45 30	22 N03	6 ♏ 43 18	0 S17	14 S01	2 ♉ 11	13 ♏ 24 22	16 S42
2	F	4 42 49	11 43 00	22 11	20 11 25	1 29	19 13	2 08	27 04 19	21 31
3	S	4 46 45	12 40 28	22 19	4 ♐ 02 51	2 38	23 32	2 05	11 ♐ 06 35	25 14
4	Su	4 50 42	13 37 55	22 26	18 15 01	3 38	26 32	2 02	25 27 28	27 25
5	M	4 54 38	14 35 21	22 33	2 ♑ 43 12	4 26	27 50	1 58	10 ♑ 01 19	27 46
6	T	4 58 35	15 32 46	22 39	17 20 58	4 57	27 13	1 55	24 41 14	26 11
7	W	5 02 31	16 30 10	22 45	2 ♒ 01 13	5 08	24 43	1 52	9 ♒ 20 06	22 51
8	Th	5 06 28	17 27 34	22 51	16 37 09	5 00	20 37	1 49	23 51 44	18 06
9	F	5 10 25	18 24 57	22 56	1 ♓ 03 20	4 33	15 21	1 46	8 ♓ 11 33	12 24
10	S	5 14 21	19 22 20	23 01	15 16 07	3 49	9 19	1 42	22 16 51	6 S09
11	Su	5 18 18	20 19 42	23 05	29 13 42	2 52	2 S56	1 39	6 ♈ 06 40	0 N17
12	M	5 22 14	21 17 03	23 09	12 ♈ 55 49	1 46	3 N28	1 36	19 41 16	6 36
13	T	5 26 11	22 14 24	23 13	26 23 08	0 S36	9 37	1 33	3 ♉ 01 34	12 31
14	W	5 30 07	23 11 45	23 16	9 ♉ 36 42	0 N35	15 15	1 30	16 08 42	17 47
15	Th	5 34 04	24 09 05	23 19	22 37 39	1 43	20 05	1 27	29 03 39	22 09
16	F	5 38 00	25 06 25	23 21	5 ♊ 26 49	2 45	23 55	1 23	11 ♊ 47 12	25 22
17	S	5 41 57	26 03 44	23 23	18 04 50	3 37	26 30	1 20	24 19 49	27 18
18	Su	5 45 54	27 01 03	23 24	0 ♋ 32 10	4 18	27 44	1 17	6 ♋ 41 58	27 50
19	M	5 49 50	27 58 21	23 25	12 49 19	4 47	27 35	1 14	18 54 19	26 59
20	T	5 53 47	28 55 39	23 26	24 57 08	5 02	26 05	1 11	0 ♌ 57 57	24 53
21	W	5 57 43	29 ♊ 52 56	23 26	6 ♌ 57 00	5 03	23 25	1 07	12 54 34	21 43
22	Th	6 01 40	0 ♋ 50 12	23 26	18 50 59	4 52	19 47	1 04	24 46 37	17 40
23	F	6 05 36	1 47 28	23 26	0 ♍ 41 56	4 27	15 23	1 01	6 ♍ 37 24	12 58
24	S	6 09 33	2 44 43	23 25	12 33 32	3 52	10 25	0 58	18 30 53	7 45
25	Su	6 13 29	3 41 57	23 23	24 30 04	3 05	5 N01	0 55	0 ♎ 31 42	2 N13
26	M	6 17 26	4 39 11	23 21	6 ♎ 36 25	2 10	0 S38	0 52	12 44 52	3 S30
27	T	6 21 22	5 36 24	23 19	18 57 41	1 08	6 22	0 48	25 15 28	9 14
28	W	6 25 19	6 33 37	23 17	1 ♏ 38 50	0 N01	12 02	0 45	8 ♏ 08 15	14 45
29	Th	6 29 16	7 30 49	23 14	14 44 12	1 S08	17 20	0 42	21 26 58	19 46
30	F	6 33 12	8 ♋ 28 01	23 N10	28 ♏ 16 47	2 S16	21 S59	0 ♉ 39	5 ♐ 13 39	23 S55

D	Mercury			Venus			Mars			Jupiter	
M	Lat.	Dec.		Lat.	Dec.		Lat.	Dec.		Lat.	Dec.
	° ′	° ′	° ′	° ′	° ′	° ′	° ′	° ′	° ′	° ′	° ′
1	3 S21	13 N32	13 N 56	2 N 39	23 N32	23 N19	1 N 28	19 N59	19 N 50	1 S 05	11 N40
3	3 10	14 21	14 47	2 35	23 06	22 52	1 27	19 40	19 31	1 05	11 48
5	2 58	15 13	15 41	2 31	22 37	22 23	1 26	19 21	19 11	1 05	11 57
7	2 43	16 09	16 38	2 26	22 08	21 52	1 25	19 01	18 51	1 06	12 05
9	2 26	17 07	17 36	2 20	21 36	21 20	1 24	18 41	18 30	1 06	12 13
11	2 07	18 06	18 35	2 14	21 04	20 47	1 23	18 20	18 09	1 06	12 21
13	1 47	19 05	19 34	2 07	20 30	20 12	1 21	17 58	17 48	1 06	12 29
15	1 26	20 03	20 31	1 59	19 55	19 37	1 20	17 37	17 26	1 06	12 36
17	1 04	20 59	21 25	1 50	19 19	19 00	1 19	17 14	17 03	1 07	12 44
19	0 41	21 51	22 15	1 40	18 42	18 23	1 18	16 52	16 40	1 07	12 51
21	0 S18	22 38	22 59	1 30	18 04	17 45	1 17	16 29	16 17	1 07	12 59
23	0 N04	23 18	23 35	1 18	17 26	17 06	1 16	16 05	15 53	1 07	13 06
25	0 26	23 49	24 02	1 06	16 47	16 28	1 15	15 41	15 29	1 07	13 12
27	0 45	24 11	24 18	0 53	16 08	15 49	1 14	15 17	15 05	1 08	13 19
29	1 03	24 23	24 N 24	0 38	15 29	15 N09	1 13	14 53	14 N 40	1 08	13 26
31	1 N18	24 N23		0 N 23	14 N50		1 N 12	14 N28		1 S 08	13 N32

FIRST QUARTER – June26,07h.50m. (4° ♎ 29′)

FULL MOON–June 4,03h.42m. (13°♐18′)

EPHEMERIS]				JUNE 2023														13
D	☿	♀	♂	♃	♄	♅	♆	♇	Lunar Aspects									
M	Long.	Long.	Long.	Long.	Long.	Long.	Long.	Long.	☉	☿	♀	♂	♃	♄	♅	♆	♇
	° ′	° ′	° ′	° ′	° ′	° ′	° ′	° ′									
1	16♉23	26♋04	6♌49	3♉30	7♓00	20♉14	27♓27	0♒09				□	☍	△		⚼	□
2	17 32	27 03	7 24	3 43	7 01	20 17	27 28	0R 08		☍					☍		
3	18 44	28 01	7 59	3 56	7 03	20 20	27 29	0 07			△	△		□		△	⚹
4	19 59	28 58	8 34	4 09	7 04	20 24	27 30	0 07	☍		⚼	⚼	⚼				∠
5	21 18	29♋56	9 09	4 21	7 05	20 27	27 31	0 06		⚼			△	⚹	⚼	□	⚺
6	22 39	0♌53	9 44	4 34	7 06	20 30	27 32	0 05		△				∠	△		
7	24 03	1 49	10 19	4 46	7 07	20 33	27 32	0 04	⚼		☍		□	⚺		⚹	☌
8	25 29	2 45	10 54	4 59	7 08	20 36	27 33	0 03	△			☍			□	∠	
9	26 59	3 40	11 29	5 11	7 09	20 40	27 34	0 02		□			⚹	☌		⚺	⚺
10	28♉31	4 35	12 04	5 23	7 10	20 43	27 34	0 01	□		⚼		∠		⚹		∠
11	0♊06	5 29	12 40	5 36	7 11	20 46	27 35	0♒00		⚹	△	⚼	⚺		∠	☌	⚹
12	1 44	6 23	13 15	5 48	7 11	20 49	27 36	29♑59		∠		△		⚺			
13	3 25	7 16	13 50	6 00	7 12	20 52	27 36	29 58	⚹					∠	⚺	⚺	□
14	5 08	8 09	14 26	6 12	7 12	20 55	27 37	29 57	∠	⚺	□	□	☌	⚹		∠	
15	6 54	9 01	15 01	6 24	7 12	20 58	27 37	29 56	⚺						☌	⚹	
16	8 42	9 52	15 37	6 36	7 13	21 01	27 38	29 55		☌	⚹		⚺	□			△
17	10 34	10 43	16 12	6 47	7 13	21 04	27 38	29 53				⚹	∠		⚺		⚼
18	12 27	11 33	16 48	6 59	7R 13	21 07	27 39	29 52	☌		∠	∠			∠	□	
19	14 23	12 22	17 23	7 11	7 12	21 10	27 39	29 51		⚺	⚺	⚺	⚹	△			
20	16 22	13 10	17 59	7 22	7 12	21 13	27 39	29 50	⚺					⚼	⚹	△	☍
21	18 23	13 58	18 35	7 33	7 12	21 16	27 40	29 49		∠			□			⚼	
22	20 25	14 45	19 10	7 45	7 12	21 19	27 40	29 48	∠	⚹	☌	☌			□		
23	22 30	15 31	19 46	7 56	7 11	21 22	27 40	29 46	⚹								
24	24 36	16 16	20 22	8 07	7 10	21 25	27 41	29 45			⚺		△	☍			⚼
25	26 44	17 01	20 58	8 18	7 10	21 27	27 41	29 44		□		⚺	⚼		△	☍	△
26	28♊53	17 44	21 34	8 29	7 09	21 30	27 41	29 43	□		∠	∠			⚼		
27	1♋03	18 26	22 10	8 40	7 08	21 33	27 41	29 41			⚹	⚹		⚼			
28	3 14	19 08	22 46	8 51	7 07	21 36	27 41	29 40	△	△				△			□
29	5 24	19 48	23 22	9 01	7 06	21 38	27 41	29 39			□		☍			⚼	
30	7♋36	20♌27	23♌58	9♉12	7♓05	21♉41	27♓41	29♑38	⚼	⚼		□			☍	△	⚹

D	Saturn		Uranus		Neptune		Pluto	
M	Lat.	Dec.	Lat.	Dec.	Lat.	Dec.	Lat.	Dec.
	° ′	° ′	° ′	° ′	° ′	° ′	° ′	° ′
1	1S32	10S21	0S19	17N31	1S12	2S07	2S35	22S39
3	1 32	10 20	0 19	17 33	1 13	2 06	2 35	22 39
5	1 32	10 20	0 19	17 34	1 13	2 06	2 36	22 40
7	1 33	10 20	0 19	17 36	1 13	2 05	2 36	22 41
9	1 33	10 19	0 19	17 38	1 13	2 05	2 36	22 41
11	1 34	10 19	0 19	17 40	1 13	2 04	2 37	22 42
13	1 34	10 19	0 19	17 41	1 13	2 04	2 37	22 43
15	1 35	10 20	0 19	17 43	1 13	2 04	2 37	22 44
17	1 35	10 20	0 19	17 44	1 13	2 03	2 37	22 44
19	1 36	10 21	0 19	17 46	1 13	2 03	2 38	22 45
21	1 36	10 21	0 19	17 47	1 13	2 03	2 38	22 46
23	1 36	10 22	0 19	17 49	1 14	2 03	2 38	22 47
25	1 37	10 23	0 19	17 50	1 14	2 03	2 38	22 47
27	1 37	10 24	0 19	17 52	1 14	2 03	2 39	22 48
29	1 38	10 26	0 19	17 53	1 14	2 03	2 39	22 49
31	1S38	10S27	0S19	17N54	1S14	2S03	2S39	22S50

Mutual Aspects

1 ♂⚻♄. ♃⊥♆.
2 ♀△♆. 3 ☿Q♄.
4 ☿☌♅.
5 ♀☍♇. ☉∥♀. ♀#♇.
6 ☉⚼♇. ♀±♄. ☉#♇.
8 ♀Q♅. 9 ☿⚹♆.
10 ☿∥♅.
11 ☉∠♃. ☉⚺♅. ☿△♇. ♀□♃. ♂⚼♆. ☿∥♂.
12 ☿Q♂.
13 ☉∠♀. ♀⚻♄.
15 ☉±♇. ☿⚺♃. ☿□♄. ☿∥♀. ♂∥♅.
17 ☿⚹♀. ☿Q♆. ♄Stat.
18 ☉⊥♅. ☿⊥♃.
19 ☉□♆. ☿⚼♇. ♀⚼♆. ♃⚹♄.
21 ☉⚻♇. ☿⚹♂. ☿#♇.
22 ☿⚺♅. ♀∥♅.
23 ☿∠♃. ☉∥☿.
24 ☿±♇.
25 ☿⊥♅. ☿□♆.
26 ☿⚻♇. ♂□♅. ♂±♆.
28 ☉∠♅.
29 ☉△♄. ☿∠♀.
30 ☿△♄. ☿∠♅. ♆Stat.

LAST QUARTER–June10,19h.31m. (19°♓40′)

NEW MOON – July17,18h.32m. (24°♋56′)

D M	D W	Sidereal Time	☉ Long.	☉ Dec.	☽ Long.	☽ Lat.	☽ Dec.	☽ Node	24h. ☽ Long.	24h. ☽ Dec.
		h m s	° ′ ″	° ′	° ′ ″	° ′	° ′	° ′	° ′ ″	° ′
1	S	6 37 09	9 ♋ 25 12	23 N06	12 ♐ 17 27	3 S17	25 S32	0 ♉ 36	19 ♐ 27 49	26 S45
2	Su	6 41 05	10 22 23	23 02	26 44 14	4 08	27 32	0 33	4 ♑ 05 56	27 51
3	M	6 45 02	11 19 35	22 57	11 ♑ 32 01	4 44	27 39	0 29	19 01 21	26 57
4	T	6 48 58	12 16 46	22 52	26 32 47	5 01	25 46	0 26	4 ♒ 05 03	24 07
5	W	6 52 55	13 13 57	22 47	11 ♒ 36 53	4 57	22 03	0 23	19 07 05	19 38
6	Th	6 56 51	14 11 08	22 41	26 34 35	4 32	16 55	0 20	3 ♓ 58 25	13 59
7	F	7 00 48	15 08 19	22 35	11 ♓ 17 49	3 50	10 53	0 17	18 32 12	7 40
8	S	7 04 45	16 05 30	22 28	25 41 12	2 54	4 S23	0 13	2 ♈ 44 34	1 S06
9	Su	7 08 41	17 02 42	22 21	9 ♈ 42 15	1 49	2 N10	0 10	16 34 20	5 N22
10	M	7 12 38	17 59 55	22 14	23 21 01	0 S39	8 28	0 07	0 ♉ 02 32	11 25
11	T	7 16 34	18 57 08	22 06	6 ♉ 39 12	0 N31	14 13	0 04	13 11 24	16 50
12	W	7 20 31	19 54 21	21 58	19 39 27	1 38	19 13	0 ♉ 01	26 03 45	21 22
13	Th	7 24 27	20 51 35	21 49	2 ♊ 24 37	2 39	23 14	29 ♈ 58	8 ♊ 42 22	24 49
14	F	7 28 24	21 48 49	21 40	14 57 18	3 31	26 05	29 54	21 09 39	27 01
15	S	7 32 20	22 46 04	21 31	27 19 40	4 12	27 36	29 51	3 ♋ 27 31	27 51
16	Su	7 36 17	23 43 19	21 21	9 ♋ 33 22	4 40	27 45	29 48	15 37 23	27 19
17	M	7 40 14	24 40 35	21 11	21 39 41	4 56	26 34	29 45	27 40 24	25 31
18	T	7 44 10	25 37 51	21 01	3 ♌ 39 42	4 59	24 10	29 42	9 ♌ 37 42	22 34
19	W	7 48 07	26 35 07	20 50	15 34 35	4 48	20 45	29 39	21 30 34	18 43
20	Th	7 52 03	27 32 24	20 39	27 25 52	4 25	16 31	29 35	3 ♍ 20 47	14 09
21	F	7 56 00	28 29 41	20 28	9 ♍ 15 39	3 51	11 39	29 32	15 10 48	9 03
22	S	7 59 56	29 ♋ 26 58	20 16	21 06 41	3 06	6 22	29 29	27 03 46	3 N37
23	Su	8 03 53	0 ♌ 24 15	20 04	3 ♎ 02 33	2 13	0 N49	29 26	9 ♎ 03 36	2 S00
24	M	8 07 49	1 21 33	19 51	15 07 30	1 13	4 S50	29 23	21 14 52	7 39
25	T	8 11 46	2 18 51	19 39	27 26 19	0 N09	10 26	29 19	3 ♏ 42 31	13 08
26	W	8 15 43	3 16 10	19 25	10 ♏ 04 04	0 S58	15 45	29 16	16 31 35	18 14
27	Th	8 19 39	4 13 29	19 12	23 05 35	2 03	20 32	29 13	29 46 33	22 37
28	F	8 23 36	5 10 49	18 58	6 ♐ 34 48	3 04	24 26	29 10	13 ♐ 30 34	25 55
29	S	8 27 32	6 08 09	18 44	20 33 51	3 57	27 02	29 07	27 44 30	27 43
30	Su	8 31 29	7 05 29	18 30	5 ♑ 02 07	4 36	27 56	29 04	12 ♑ 26 04	27 39
31	M	8 35 25	8 ♌ 02 50	18 N15	19 ♑ 55 31	4 S57	26 S52	29 ♈ 00	27 ♑ 29 22	25 S34

D M	Mercury Lat.	Mercury Dec.		Venus Lat.	Venus Dec.		Mars Lat.	Mars Dec.		Jupiter Lat.	Jupiter Dec.
	° ′	° ′	° ′	° ′	° ′	° ′	° ′	° ′	° ′	° ′	° ′
1	1 N18	24 N23	24 N 19	0 N 23	14 N50	14 N30	1 N 12	14 N28	14 N 15	1 S 08	13 N32
3	1 31	24 12	24 02	0 N 07	14 11	13 52	1 11	14 02	13 49	1 09	13 38
5	1 40	23 50	23 35	0 S 11	13 32	13 13	1 10	13 37	13 24	1 09	13 44
7	1 47	23 18	22 59	0 29	12 54	12 36	1 08	13 10	12 57	1 09	13 50
9	1 50	22 37	22 14	0 49	12 17	11 59	1 07	12 44	12 31	1 09	13 56
11	1 51	21 49	21 22	1 09	11 41	11 23	1 06	12 17	12 04	1 10	14 01
13	1 49	20 54	20 24	1 31	11 06	10 49	1 05	11 50	11 37	1 10	14 07
15	1 44	19 53	19 21	1 54	10 32	10 16	1 04	11 23	11 09	1 10	14 12
17	1 37	18 48	18 14	2 18	10 00	9 45	1 03	10 55	10 41	1 11	14 17
19	1 28	17 39	17 04	2 43	9 30	9 15	1 02	10 27	10 13	1 11	14 22
21	1 18	16 27	15 51	3 09	9 02	8 48	1 01	9 59	9 45	1 11	14 26
23	1 05	15 14	14 36	3 35	8 36	8 24	1 00	9 30	9 16	1 12	14 31
25	0 50	13 59	13 21	4 02	8 13	8 02	0 59	9 02	8 47	1 12	14 35
27	0 35	12 43	12 05	4 29	7 53	7 44	0 58	8 33	8 18	1 12	14 39
29	0 N17	11 27	10 N 49	4 57	7 36	7 N29	0 57	8 03	7 N 49	1 13	14 43
31	0 S01	10 N11		5 S 24	7 N22		0 N 56	7 N34		1 S 13	14 N46

FIRST QUARTER – July25,22h.07m. (2°♏43′)

FULL MOON–July 3,11h.39m. (11°♑19′)

D M	☿ Long.	♀ Long.	♂ Long.	♃ Long.	♄ Long.	♅ Long.	♆ Long.	♇ Long.	☉	☿	♀	♂	♃	♄	♅	♆	♇
	° ′	° ′	° ′	° ′	° ′	° ′	° ′	° ′									
1	9♋46	21♌06	24♌34	9♉22	7♓03	21♉43	27♓41	29♑36						□			∠
2	11 57	21 42	25 10	9 32	7R 02	21 46	27R 41	29R 35			△	△	⚼			□	⚺
3	14 07	22 18	25 46	9 43	7 00	21 49	27 41	29 34	☍	☍	⚼	⚼	△	✱	⚼		
4	16 15	22 53	26 22	9 53	6 59	21 51	27 41	29 32						∠	△	✱	☌
5	18 23	23 26	26 59	10 03	6 57	21 54	27 41	29 31					□	⚺		∠	
6	20 29	23 57	27 35	10 13	6 55	21 56	27 41	29 30	⚼		☍	☍			□	⚺	⚺
7	22 34	24 28	28 11	10 22	6 54	21 58	27 41	29 28	△	⚼			✱	☌			∠
8	24 38	24 57	28 48	10 32	6 52	22 01	27 40	29 27		△			∠		✱	☌	✱
9	26 40	25 24	29♌24	10 42	6 50	22 03	27 40	29 25			⚼	⚼	⚺	⚺	∠		
10	28♋40	25 50	0♍01	10 51	6 48	22 05	27 40	29 24	□	□	△			∠	⚺	⚺	□
11	0♌38	26 14	0 37	11 00	6 45	22 08	27 39	29 23				△	☌	✱		∠	
12	2 35	26 36	1 14	11 09	6 43	22 10	27 39	29 21	✱						☌		
13	4 30	26 57	1 50	11 18	6 41	22 12	27 39	29 20	∠	✱	□	□		□		✱	△
14	6 23	27 16	2 27	11 27	6 38	22 14	27 38	29 18					⚺				⚼
15	8 14	27 33	3 03	11 36	6 36	22 16	27 38	29 17	⚺	∠	✱	✱	∠		⚺	□	
16	10 03	27 48	3 40	11 45	6 33	22 18	27 37	29 16		⚺	∠		✱	△	∠		
17	11 50	28 02	4 17	11 53	6 30	22 20	27 37	29 14	☌			∠		⚼	✱	△	
18	13 35	28 13	4 54	12 02	6 28	22 22	27 36	29 13			⚺	⚺					☍
19	15 19	28 22	5 30	12 10	6 25	22 24	27 36	29 11		☌			□			⚼	
20	17 01	28 29	6 07	12 18	6 22	22 26	27 35	29 10	⚺		☌				□		
21	18 40	28 33	6 44	12 26	6 19	22 28	27 34	29 09	∠			☌	△	☍			⚼
22	20 18	28 36	7 21	12 34	6 16	22 30	27 34	29 07		⚺					△		
23	21 54	28R 36	7 58	12 42	6 12	22 32	27 33	29 06	✱	∠	⚺	⚺	⚼		⚼	☍	△
24	23 28	28 34	8 35	12 49	6 09	22 33	27 32	29 04			∠			⚼			
25	25 01	28 29	9 12	12 56	6 06	22 35	27 32	29 03	□	✱	✱	∠					□
26	26 31	28 22	9 49	13 04	6 02	22 37	27 31	29 01				✱	☍	△		⚼	
27	28 00	28 13	10 26	13 11	5 59	22 38	27 30	29 00		□	□				☍	△	✱
28	29♌26	28 01	11 04	13 18	5 56	22 40	27 29	28 59	△			□		□			
29	0♍51	27 47	11 41	13 25	5 52	22 41	27 28	28 57	⚼		△					□	∠
30	2 14	27 31	12 18	13 31	5 48	22 43	27 27	28 56		△	⚼		⚼	✱	⚼		⚺
31	3♍34	27♌12	12♍55	13♉38	5♓45	22♉44	27♓27	28♑54		⚼		△	△	∠	△	✱	

D M	Saturn Lat.	Saturn Dec.	Uranus Lat.	Uranus Dec.	Neptune Lat.	Neptune Dec.	Pluto Lat.	Pluto Dec.
	° ′	° ′	° ′	° ′	° ′	° ′	° ′	° ′
1	1S38	10S27	0S19	17N54	1S14	2S03	2S39	22S50
3	1 39	10 28	0 19	17 56	1 14	2 03	2 39	22 51
5	1 39	10 30	0 19	17 57	1 14	2 03	2 40	22 51
7	1 39	10 32	0 19	17 58	1 14	2 04	2 40	22 52
9	1 40	10 34	0 19	17 59	1 14	2 04	2 40	22 53
11	1 40	10 36	0 19	18 00	1 14	2 04	2 40	22 54
13	1 41	10 38	0 19	18 02	1 15	2 05	2 40	22 54
15	1 41	10 40	0 19	18 03	1 15	2 05	2 41	22 55
17	1 41	10 43	0 19	18 04	1 15	2 06	2 41	22 56
19	1 42	10 45	0 19	18 05	1 15	2 06	2 41	22 57
21	1 42	10 48	0 19	18 06	1 15	2 07	2 41	22 58
23	1 43	10 51	0 19	18 06	1 15	2 08	2 41	22 58
25	1 43	10 53	0 19	18 07	1 15	2 08	2 41	22 59
27	1 43	10 56	0 19	18 08	1 15	2 09	2 42	23 00
29	1 44	10 59	0 19	18 09	1 15	2 10	2 42	23 01
31	1S44	11S02	0S19	18N09	1S15	2S11	2S42	23S01

Mutual Aspects

1 ☉☌☿. ☉∠♂. ☉✱♃. ☿∠♂. ☿✱♃.
2 ♀□♅. ♀±♆.
4 ☿⊥♀. ☉#♇. ♀∥♂. ♀∥♃.
5 ♂∥♃. 6 ♂∇♆.
7 ☿⊥♂. ☿Q♃. ☿⚼♄. ☿✱♅.
8 ☿⚺♀. ☿#♇.
9 ☿△♆. ♂∇♇.
10 ☿☍♇. ☉∥☿.
11 ☿⚺♂. ☿±♄.
13 ☉⊥♀. ☿Q♅.
14 ☉⚼♄. ☉✱♅. ☿∇♄.
15 ♀∇♆. ♀#♄.
16 ☉Q♃.
17 ☿□♃. ☿⚼♆.
18 ☿∥♅. ♂#♄.
19 ♂±♇.
20 ☉△♆. ♂☍♄.
21 ☉⚺♀.
22 ☉☍♇. ♃∠♆.
23 ☉±♄. ☿□♅. ☿±♆. ♀Stat.
24 ☿∥♃.
27 ☉Q♅. ☿☌♀. ☿∇♆.
28 ☉⊥♂. ☿∇♇.
29 ☉∇♄.
30 ♀∇♆. ☿#♄.
31 ☉∥♅.

LAST QUARTER–July10,01h.48m. (17°♈36′)

NEW MOON–Aug.16,09h.38m. (23° ♌ 17′)

D M	D W	Sidereal Time	☉ Long.	☉ Dec.	☽ Long.	☽ Lat.	☽ Dec.	☽ Node	24h. ☽ Long.	24h. ☽ Dec.
		h m s	° ′ ″	° ′	° ′ ″	° ′	° ′	° ′	° ′ ″	° ′
1	T	8 39 22	9 ♌ 00 12	18 N00	5 ♒ 06 23	4 S 59	23 S 49	28 ♈ 57	12 ♒ 45 11	21 S 38
2	W	8 43 18	9 57 35	17 45	20 24 20	4 39	19 05	28 54	28 02 23	16 14
3	Th	8 47 15	10 54 58	17 30	5 ♓ 38 00	3 59	13 09	28 51	13 ♓ 09 56	9 54
4	F	8 51 12	11 52 23	17 14	20 37 10	3 04	6 S 32	28 48	27 58 50	3 S 07
5	S	8 55 08	12 49 48	16 58	5 ♈ 14 20	1 57	0 N17	28 45	12 ♈ 23 17	3 N39
6	Su	8 59 05	13 47 15	16 41	19 25 29	0 S 45	6 55	28 41	26 20 55	10 02
7	M	9 03 01	14 44 43	16 25	3 ♉ 09 44	0 N28	13 00	28 38	9 ♉ 52 12	15 46
8	T	9 06 58	15 42 13	16 08	16 28 41	1 37	18 18	28 35	22 59 36	20 36
9	W	9 10 54	16 39 43	15 51	29 25 24	2 39	22 37	28 32	5 ♊ 46 36	24 20
10	Th	9 14 51	17 37 16	15 33	12 ♊ 03 39	3 31	25 44	28 29	18 17 02	26 48
11	F	9 18 47	18 34 49	15 15	24 27 13	4 13	27 32	28 25	0 ♋ 34 35	27 56
12	S	9 22 44	19 32 24	14 58	6 ♋ 39 33	4 42	27 58	28 22	12 42 26	27 41
13	Su	9 26 41	20 30 00	14 39	18 43 35	4 59	27 03	28 19	24 43 15	26 08
14	M	9 30 37	21 27 38	14 21	0 ♌ 41 41	5 02	24 54	28 16	6 ♌ 39 06	23 25
15	T	9 34 34	22 25 17	14 02	12 35 43	4 51	21 41	28 13	18 31 43	19 44
16	W	9 38 30	23 22 57	13 43	24 27 18	4 28	17 35	28 10	0 ♍ 22 37	15 16
17	Th	9 42 27	24 20 38	13 24	6 ♍ 17 54	3 54	12 49	28 06	12 13 21	10 15
18	F	9 46 23	25 18 20	13 05	18 09 13	3 09	7 35	28 03	24 05 46	4 N51
19	S	9 50 20	26 16 04	12 46	0 ♎ 03 19	2 16	2 N03	28 00	6 ♎ 02 13	0 S 46
20	Su	9 54 16	27 13 49	12 26	12 02 49	1 16	3 S 36	27 57	18 05 35	6 25
21	M	9 58 13	28 11 35	12 06	24 10 58	0 N12	9 12	27 54	0 ♏ 19 27	11 55
22	T	10 02 10	29 ♌ 09 22	11 46	6 ♏ 31 35	0 S 54	14 33	27 51	12 47 54	17 03
23	W	10 06 06	0 ♍ 07 11	11 26	19 08 57	1 59	19 25	27 47	25 35 16	21 35
24	Th	10 10 03	1 05 00	11 05	2 ♐ 07 22	2 59	23 31	27 44	8 ♐ 45 44	25 10
25	F	10 13 59	2 02 51	10 45	15 30 45	3 52	26 30	27 41	22 22 41	27 27
26	S	10 17 56	3 00 43	10 24	29 21 42	4 34	28 00	27 38	6 ♑ 27 48	28 05
27	Su	10 21 52	3 58 37	10 03	13 ♑ 40 47	4 59	27 42	27 35	21 00 14	26 49
28	M	10 25 49	4 56 31	9 42	28 25 33	5 06	25 28	27 31	5 ♒ 55 53	23 40
29	T	10 29 45	5 54 27	9 21	13 ♒ 30 12	4 53	21 26	27 28	21 07 17	18 51
30	W	10 33 42	6 52 24	8 59	28 45 49	4 18	15 56	27 25	6 ♓ 24 26	12 47
31	Th	10 37 39	7 ♍ 50 23	8 N38	14 ♓ 01 43	3 S 25	9 S 26	27 ♈ 22	21 ♓ 36 23	5 S 59

D M	Mercury Lat.	Mercury Dec.		Venus Lat.	Venus Dec.		Mars Lat.	Mars Dec.		Jupiter Lat.	Jupiter Dec.
	° ′	° ′	° ′	° ′	° ′	° ′	° ′	° ′	° ′	° ′	° ′
1	0 S 11	9 N33	8 N 56	5 S 37	7 N17	7 N12	0 N 55	7 N19	7 N 04	1 S 13	14 N48
3	0 30	8 19	7 43	6 03	7 09	7 06	0 54	6 49	6 34	1 14	14 51
5	0 51	7 07	6 32	6 27	7 04	7 03	0 53	6 19	6 04	1 14	14 54
7	1 12	5 57	5 23	6 50	7 04	7 05	0 52	5 49	5 34	1 14	14 57
9	1 34	4 50	4 18	7 10	7 06	7 09	0 51	5 18	5 03	1 15	15 00
11	1 56	3 47	3 17	7 27	7 13	7 17	0 50	4 48	4 33	1 15	15 02
13	2 19	2 48	2 20	7 42	7 22	7 28	0 49	4 17	4 02	1 15	15 04
15	2 41	1 54	1 30	7 53	7 34	7 41	0 47	3 46	3 31	1 16	15 06
17	3 03	1 07	0 46	8 00	7 48	7 56	0 46	3 15	3 00	1 16	15 08
19	3 23	0 N27	0 N 10	8 04	8 04	8 13	0 45	2 44	2 28	1 17	15 10
21	3 43	0 S 05	0 S 17	8 05	8 22	8 31	0 44	2 13	1 57	1 17	15 11
23	4 00	0 27	0 33	8 03	8 40	8 50	0 43	1 41	1 26	1 17	15 12
25	4 14	0 37	0 37	7 58	8 59	9 09	0 42	1 10	0 54	1 18	15 13
27	4 25	0 34	0 28	7 50	9 18	9 27	0 41	0 38	0 N 23	1 18	15 14
29	4 31	0 S 18	0 S 05	7 39	9 37	9 N46	0 40	0 N07	0 09	1 19	15 14
31	4 S 30	0 N13		7 S 27	9 N55		0 N 39	0 S 25		1 S 19	15 N14

FIRST QUARTER–Aug.24,09h.57m. (1° ♐ 00′)

FULL MOON–Aug. 1,18h.32m. (9°♒16′) & Aug.31,01h.36m. (7°♓25′)

D	☿	♀	♂	♃	♄	♅	♆	♇	Lunar Aspects								
M	Long.	Long.	Long.	Long.	Long.	Long.	Long.	Long.	⊙	☿	♀	♂	♃	♄	♅	♆	♇
	° ′	° ′	° ′	° ′	° ′	° ′	° ′	° ′									
1	4♍53	26♌51	13♍33	13♉44	5♓41	22♉46	27♓26	28♑53	☍			⚼		⚺		∠	☌
2	6 09	26R 27	14 10	13 50	5R 37	22 47	27R 25	28R 52			☍		□		□	⚺	
3	7 24	26 02	14 48	13 56	5 33	22 48	27 24	28 50		☍				☌			⚺
4	8 36	25 35	15 25	14 02	5 29	22 49	27 23	28 49	⚼			☍	⚹		⚹	☌	∠
5	9 46	25 05	16 02	14 08	5 25	22 51	27 22	28 47			⚼		∠	⚺	∠		⚹
6	10 53	24 35	16 40	14 13	5 21	22 52	27 20	28 46	△		△		⚺	∠	⚺		
7	11 58	24 02	17 18	14 19	5 17	22 53	27 19	28 45		⚼		⚼		⚹		⚺	□
8	13 01	23 28	17 55	14 24	5 13	22 54	27 18	28 43	□	△		△	☌		☌	∠	
9	14 01	22 54	18 33	14 29	5 09	22 55	27 17	28 42			□			□		⚹	△
10	14 58	22 18	19 11	14 34	5 05	22 56	27 16	28 41	⚹	□			⚺				⚼
11	15 52	21 41	19 48	14 39	5 01	22 57	27 15	28 39			⚹	□	∠		⚺	□	
12	16 43	21 04	20 26	14 43	4 56	22 58	27 14	28 38	∠		∠			△	∠		
13	17 31	20 27	21 04	14 47	4 52	22 58	27 12	28 37	⚺	⚹	⚺	⚹	⚹	⚼	⚹		
14	18 16	19 50	21 42	14 51	4 48	22 59	27 11	28 35		∠						△	☍
15	18 57	19 13	22 20	14 55	4 43	23 00	27 10	28 34				∠	□			⚼	
16	19 34	18 36	22 58	14 59	4 39	23 01	27 09	28 33	☌	⚺	☌	⚺			□		
17	20 07	18 00	23 36	15 03	4 34	23 01	27 07	28 32						☍			
18	20 36	17 25	24 14	15 06	4 30	23 02	27 06	28 30		☌	⚺		△		△		⚼
19	21 01	16 51	24 52	15 09	4 26	23 02	27 05	28 29	⚺		∠	☌	⚼			☍	△
20	21 21	16 19	25 30	15 12	4 21	23 03	27 03	28 28	∠		⚹				⚼		
21	21 36	15 48	26 08	15 15	4 17	23 03	27 02	28 27	⚹	⚺		⚺		⚼			□
22	21 46	15 18	26 46	15 18	4 12	23 03	27 00	28 25		∠		∠		△		⚼	
23	21 51	14 51	27 24	15 20	4 08	23 04	26 59	28 24		⚹	□		☍		☍		
24	21R 50	14 25	28 03	15 23	4 03	23 04	26 57	28 23	□			⚹		□		△	⚹
25	21 43	14 01	28 41	15 25	3 58	23 04	26 56	28 22		□	△						∠
26	21 31	13 40	29 19	15 27	3 54	23 04	26 55	28 21	△		⚼	□	⚼	⚹		□	⚺
27	21 12	13 21	29♍58	15 28	3 49	23 04	26 53	28 20	⚼				△	∠	⚼		
28	20 47	13 04	0♎36	15 30	3 45	23 05	26 52	28 19		⚼		△		⚺	△	⚹	☌
29	20 17	12 49	1 15	15 31	3 40	23R 05	26 50	28 18			☍	⚼	□			∠	
30	19 41	12 37	1 53	15 32	3 36	23 04	26 49	28 17						☌	□	⚺	⚺
31	18♍59	12♌27	2♎32	15♉33	3♓31	23♉04	26♓47	28♑16	☍	☍			⚹				∠

D	Saturn		Uranus		Neptune		Pluto	
M	Lat.	Dec.	Lat.	Dec.	Lat.	Dec.	Lat.	Dec.
	° ′	° ′	° ′	° ′	° ′	° ′	° ′	° ′
1	1S44	11S04	0S19	18N10	1S15	2S11	2S42	23S02
3	1 44	11 07	0 19	18 10	1 15	2 12	2 42	23 02
5	1 45	11 10	0 19	18 11	1 16	2 13	2 42	23 03
7	1 45	11 13	0 19	18 12	1 16	2 14	2 42	23 04
9	1 45	11 17	0 19	18 12	1 16	2 15	2 43	23 05
11	1 45	11 20	0 19	18 12	1 16	2 16	2 43	23 05
13	1 46	11 23	0 19	18 13	1 16	2 17	2 43	23 06
15	1 46	11 27	0 19	18 13	1 16	2 18	2 43	23 07
17	1 46	11 30	0 19	18 13	1 16	2 19	2 43	23 07
19	1 46	11 34	0 19	18 14	1 16	2 20	2 43	23 08
21	1 46	11 37	0 19	18 14	1 16	2 21	2 43	23 08
23	1 47	11 41	0 19	18 14	1 16	2 22	2 43	23 09
25	1 47	11 44	0 19	18 14	1 16	2 24	2 43	23 09
27	1 47	11 48	0 19	18 14	1 16	2 25	2 43	23 10
29	1 47	11 51	0 19	18 14	1 16	2 26	2 44	23 10
31	1S47	11S54	0S19	18N14	1S16	2S27	2S44	23S11

Mutual Aspects

1 ☿±♇. ♂△♃. ♀∥♂.
2 ☿☍♄. ♂⚼♇.
5 ⊙⚼♆. ☿∥♀.
7 ⊙□♃. ☿∥♂.
9 ☿⚼♇. ♀□♅.
10 ☿△♃.
12 ♀±♆. ⊙∥♃.
13 ⊙☌♀. ♀⚺♂.
14 ⊙±♆. ☿#♆.
15 ⊙⚺♂. ☿⚺♀.
16 ⊙□♅. ♂△♅.
17 ♀⊥♂. 18 ♄⊥♇.
20 ⊙∇♆.
21 ⊙∇♇. ☿⊥♀. ♂#♆.
22 ♀□♃. ♂☍♆. ⊙#♄.
23 ☿ Stat.
25 ♀∠♂. ♂△♇.
27 ⊙☍♄. ⊙±♇. ☿#♂.
28 ♂⚼♃. ⊙∥♀.
29 ♅ Stat. 30 ☿∥♂.
31 ♃Q♄.

LAST QUARTER–Aug. 8,10h.28m. (15°♉39′)

NEW MOON – Sep.15,01h.40m. (21°♍59′)

D M	D W	Sidereal Time	☉ Long.	☉ Dec.	☽ Long.	☽ Lat.	☽ Dec.	☽ Node	24h. ☽ Long.	24h. ☽ Dec.
		h m s	° ′ ″	° ′	° ′ ″	° ′	° ′	° ′	° ′ ″	° ′
1	F	10 41 35	8 ♍ 48 23	8 N16	29 ♓ 07 12	2 S19	2 S28	27 ♈ 19	6 ♈ 33 10	1 N03
2	S	10 45 32	9 46 26	7 54	13 ♈ 53 25	1 S04	4 N30	27 16	21 07 19	7 51
3	Su	10 49 28	10 44 30	7 32	28 14 28	0 N14	11 04	27 12	5 ♉ 14 38	14 05
4	M	10 53 25	11 42 35	7 10	12 ♉ 07 47	1 28	16 52	27 09	18 54 01	19 24
5	T	10 57 21	12 40 43	6 48	25 33 35	2 34	21 39	27 06	2 ♊ 06 50	23 35
6	W	11 01 18	13 38 53	6 26	8 ♊ 34 13	3 31	25 12	27 03	14 56 11	26 29
7	Th	11 05 14	14 37 05	6 03	21 13 16	4 16	27 24	27 00	27 26 00	27 58
8	F	11 09 11	15 35 19	5 41	3 ♋ 34 56	4 47	28 11	26 56	9 ♋ 40 35	28 02
9	S	11 13 08	16 33 35	5 18	15 43 28	5 05	27 34	26 53	21 44 04	26 46
10	Su	11 17 04	17 31 54	4 56	27 42 50	5 10	25 41	26 50	3 ♌ 40 12	24 18
11	M	11 21 01	18 30 14	4 33	9 ♌ 36 34	5 01	22 40	26 47	15 32 16	20 49
12	T	11 24 57	19 28 36	4 10	21 27 39	4 39	18 45	26 44	27 22 59	16 30
13	W	11 28 54	20 26 59	3 47	3 ♍ 18 34	4 05	14 06	26 41	9 ♍ 14 37	11 34
14	Th	11 32 50	21 25 25	3 24	15 11 22	3 20	8 55	26 37	21 09 03	6 11
15	F	11 36 47	22 23 53	3 01	27 07 52	2 27	3 N23	26 34	3 ♎ 08 02	0 N33
16	S	11 40 43	23 22 22	2 38	9 ♎ 09 47	1 26	2 S19	26 31	15 13 20	5 S10
17	Su	11 44 40	24 20 54	2 15	21 18 57	0 N20	8 00	26 28	27 26 53	10 46
18	M	11 48 37	25 19 27	1 51	3 ♏ 37 26	0 S47	13 28	26 25	9 ♏ 50 55	16 02
19	T	11 52 33	26 18 02	1 28	16 07 40	1 53	18 28	26 22	22 28 01	20 43
20	W	11 56 30	27 16 38	1 05	28 52 21	2 55	22 45	26 18	5 ♐ 21 00	24 32
21	Th	12 00 26	28 15 17	0 42	11 ♐ 54 20	3 49	26 00	26 15	18 32 40	27 08
22	F	12 04 23	29 ♍ 13 57	0 N18	25 16 18	4 33	27 54	26 12	2 ♑ 05 27	28 15
23	S	12 08 19	0 ♎ 12 39	0 S05	9 ♑ 00 15	5 02	28 09	26 09	16 00 46	27 37
24	Su	12 12 16	1 11 22	0 28	23 06 54	5 14	26 37	26 06	0 ♒ 18 26	25 11
25	M	12 16 12	2 10 07	0 52	7 ♒ 34 59	5 07	23 19	26 02	14 56 03	21 04
26	T	12 20 09	3 08 54	1 15	22 20 54	4 40	18 28	25 59	29 48 44	15 34
27	W	12 24 06	4 07 42	1 38	7 ♓ 18 33	3 53	12 26	25 56	14 ♓ 49 20	9 06
28	Th	12 28 02	5 06 33	2 02	22 19 57	2 50	5 S39	25 53	29 49 17	2 S07
29	F	12 31 59	6 05 25	2 25	7 ♈ 16 14	1 36	1 N25	25 50	14 ♈ 39 48	4 N55
30	S	12 35 55	7 ♎ 04 19	2 S48	21 ♈ 59 04	0 S16	8 N19	25 ♈ 47	29 ♈ 13 17	11 N34

D M	Mercury Lat.	Mercury Dec.	Mercury Dec. (mid)	Venus Lat.	Venus Dec.	Venus Dec. (mid)	Mars Lat.	Mars Dec.	Mars Dec. (mid)	Jupiter Lat.	Jupiter Dec.
	° ′	° ′	° ′	° ′	° ′	° ′	° ′	° ′	° ′	° ′	° ′
1	4 S28	0 N33	0 N57	7 S 20	10 N03	10 N11	0 N 38	0 S41	0 S 57	1 S 19	15 N14
3	4 16	1 24	1 54	7 05	10 19	10 27	0 37	1 13	1 28	1 19	15 14
5	3 58	2 26	2 59	6 49	10 34	10 41	0 36	1 44	2 00	1 20	15 14
7	3 31	3 34	4 09	6 32	10 47	10 53	0 35	2 16	2 32	1 20	15 13
9	2 59	4 44	5 18	6 15	10 59	11 04	0 34	2 48	3 04	1 21	15 12
11	2 22	5 51	6 21	5 57	11 08	11 12	0 32	3 20	3 35	1 21	15 11
13	1 43	6 49	7 13	5 38	11 16	11 19	0 31	3 51	4 07	1 21	15 10
15	1 04	7 34	7 51	5 20	11 21	11 23	0 30	4 23	4 39	1 22	15 09
17	0 S27	8 04	8 13	5 01	11 25	11 26	0 29	4 55	5 10	1 22	15 07
19	0 N07	8 17	8 17	4 42	11 26	11 26	0 28	5 26	5 42	1 22	15 05
21	0 36	8 12	8 03	4 24	11 25	11 24	0 27	5 58	6 13	1 23	15 03
23	1 01	7 50	7 33	4 05	11 22	11 20	0 26	6 29	6 45	1 23	15 01
25	1 21	7 13	6 49	3 47	11 17	11 13	0 25	7 00	7 16	1 23	14 58
27	1 36	6 22	5 52	3 29	11 09	11 05	0 23	7 31	7 47	1 23	14 55
29	1 46	5 19	4 N 44	3 11	11 00	10 N54	0 22	8 02	8 S 18	1 24	14 52
31	1 N52	4 N07		2 S 54	10 N48		0 N 21	8 S33		1 S 24	14 N49

FIRST QUARTER – Sep.22,19h.32m. (29°♐32′)

EPHEMERIS] SEPTEMBER 2023

D M	☿ Long.	♀ Long.	♂ Long.	♃ Long.	♄ Long.	♅ Long.	♆ Long.	♇ Long.	☉	☿	♀	♂	♃	♄	♅	♆	♇
	° ′	° ′	° ′	° ′	° ′	° ′	° ′	° ′									
1	18♍13	12♌20	3♎11	15♉34	3♓27	23♉04	26♓45	28♑15			⚼	☍	∠	⚺	⚹	☌	⚹
2	17R 22	12R 15	3 49	15 34	3R 22	23R 04	26R 44	28R 14			△		⚺	∠	∠		
3	16 28	12 13	4 28	15 35	3 18	23 04	26 42	28 13	⚼	⚼				⚹	⚺	⚺	□
4	15 31	12D 12	5 07	15 35	3 13	23 03	26 41	28 12	△	△	□		☌			∠	
5	14 33	12 15	5 45	15R 35	3 09	23 03	26 39	28 11				⚼			☌	⚹	△
6	13 35	12 19	6 24	15 35	3 04	23 03	26 38	28 10	□	□	⚹	△		□			⚼
7	12 37	12 26	7 03	15 34	3 00	23 02	26 36	28 09					⚺		⚺	□	
8	11 42	12 35	7 42	15 33	2 56	23 02	26 34	28 08			∠	□	∠	△	∠		
9	10 51	12 46	8 21	15 32	2 51	23 01	26 33	28 07	⚹	⚹	⚺		⚹	⚼			
10	10 05	12 59	9 00	15 31	2 47	23 01	26 31	28 06	∠	∠					⚹	△	☍
11	9 24	13 15	9 39	15 30	2 43	23 00	26 29	28 06		⚺	☌	⚹	□			⚼	
12	8 51	13 32	10 18	15 29	2 38	22 59	26 28	28 05	⚺			∠			□		
13	8 26	13 51	10 57	15 27	2 34	22 59	26 26	28 04		☌				☍			
14	8 09	14 12	11 37	15 25	2 30	22 58	26 25	28 03			⚺	⚺	△				⚼
15	8 01	14 35	12 16	15 23	2 26	22 57	26 23	28 03	☌		∠		⚼		△	☍	△
16	8D 02	14 59	12 55	15 21	2 22	22 56	26 21	28 02		⚺	⚹	☌			⚼		
17	8 13	15 25	13 35	15 18	2 18	22 55	26 20	28 01	⚺	∠				⚼			
18	8 33	15 53	14 14	15 15	2 14	22 54	26 18	28 01		⚹				△			□
19	9 03	16 22	14 53	15 13	2 10	22 53	26 16	28 00	∠		□	⚺	☍			⚼	
20	9 41	16 53	15 33	15 10	2 06	22 52	26 15	27 59	⚹			∠		□	☍	△	⚹
21	10 28	17 25	16 12	15 06	2 02	22 51	26 13	27 59		□	△	⚹					∠
22	11 23	17 59	16 52	15 03	1 58	22 50	26 11	27 58	□				⚼	⚹		□	⚺
23	12 26	18 34	17 32	14 59	1 54	22 49	26 10	27 58		△	⚼		△		⚼		
24	13 35	19 10	18 11	14 55	1 51	22 47	26 08	27 57		⚼		□		∠	△	⚹	☌
25	14 51	19 48	18 51	14 51	1 47	22 46	26 06	27 57	△				□	⚺		∠	
26	16 12	20 27	19 31	14 47	1 44	22 45	26 05	27 57	⚼		☍	△			□	⚺	⚺
27	17 38	21 07	20 11	14 43	1 40	22 43	26 03	27 56				⚼	⚹	☌			∠
28	19 08	21 48	20 50	14 38	1 37	22 42	26 01	27 56		☍			∠		⚹	☌	⚹
29	20 42	22 30	21 30	14 33	1 33	22 41	26 00	27 55	☍		⚼		⚺	⚺	∠		
30	22♍19	23♌13	22♎10	14♉29	1♓30	22♉39	25♓58	27♑55			△	☍		∠	⚺	⚺	□

D M	Saturn Lat.	Saturn Dec.	Uranus Lat.	Uranus Dec.	Neptune Lat.	Neptune Dec.	Pluto Lat.	Pluto Dec.
	° ′	° ′	° ′	° ′	° ′	° ′	° ′	° ′
1	1S47	11S56	0S19	18N14	1S16	2S28	2S44	23S11
3	1 47	11 59	0 19	18 14	1 16	2 29	2 44	23 12
5	1 47	12 03	0 19	18 14	1 16	2 31	2 44	23 12
7	1 47	12 06	0 19	18 13	1 16	2 32	2 44	23 13
9	1 47	12 09	0 19	18 13	1 16	2 33	2 44	23 13
11	1 47	12 12	0 19	18 13	1 16	2 35	2 44	23 13
13	1 47	12 15	0 19	18 12	1 17	2 36	2 44	23 14
15	1 47	12 18	0 19	18 12	1 17	2 37	2 44	23 14
17	1 47	12 21	0 19	18 11	1 17	2 39	2 44	23 14
19	1 47	12 24	0 19	18 11	1 17	2 40	2 44	23 15
21	1 47	12 27	0 19	18 10	1 17	2 41	2 44	23 15
23	1 47	12 29	0 19	18 10	1 17	2 43	2 44	23 15
25	1 47	12 32	0 19	18 09	1 17	2 44	2 44	23 15
27	1 47	12 34	0 19	18 08	1 17	2 45	2 44	23 15
29	1 47	12 36	0 19	18 07	1 17	2 46	2 44	23 16
31	1S47	12S39	0S19	18N07	1S17	2S48	2S44	23S16

Mutual Aspects

1 ☿⊥♀. ♂▽♄.
2 ☿ǂ♂.
4 ☿△♃. ♀Stat. ♃Stat.
5 ☉⚺♀. ☿ǂ♆.
6 ☉☌☿. ☉⚼♇. ☿⚼♇.
7 ☿⚺♀.
8 ☉△♃. ♂⚼♅. ♂‖♆.
10 ♂±♄. ☉‖☿.
11 ☿⚺♂. ♂±♃.
12 ☉⊥♀. 13 ☉ǂ♂.
15 ☿Stat.
16 ☉△♅. ☉ǂ♆.
17 ♀□♃.
19 ☉☍♆. ♂▽♃.
21 ☉△♇.
22 ♂⚼♄. ♂±♅.
23 ☉⚼♃. ☿⚼♇.
25 ☉▽♄. ☿△♃. ♀±♆. ☿ǂ♂.
29 ♀□♅.
30 ☉±♄. ☿⚺♂. ☿△♅. ☉‖♆.

NEW MOON – Oct.14,17h.55m. (21°♎08′)

 OCTOBER 2023 [RAPHAEL'S

D M	D W	Sidereal Time	☉ Long.	☉ Dec.	☽ Long.	☽ Lat.	☽ Dec.	☽ Node	24h. ☽ Long.	24h. ☽ Dec.
		h m s	° ′ ″	° ′	° ′ ″	° ′	° ′	° ′	° ′ ″	° ′
1	Su	12 39 52	8 ♎ 03 15	3 S 12	6 ♉ 21 48	1 N03	14 N38	25 ♈ 43	13 ♉ 24 12	17 N28
2	M	12 43 48	9 02 14	3 35	20 20 10	2 16	20 01	25 40	27 09 36	22 16
3	T	12 47 45	10 01 15	3 58	3 ♊ 52 31	3 19	24 11	25 37	10 ♊ 29 03	25 45
4	W	12 51 41	11 00 18	4 21	16 59 27	4 10	26 57	25 34	23 24 06	27 46
5	Th	12 55 38	11 59 23	4 44	29 43 24	4 46	28 13	25 31	5 ♋ 57 50	28 17
6	F	12 59 35	12 58 31	5 07	12 ♋ 07 56	5 09	28 00	25 28	18 14 15	27 23
7	S	13 03 31	13 57 41	5 30	24 17 20	5 16	26 27	25 24	0 ♌ 17 46	25 13
8	Su	13 07 28	14 56 54	5 53	6 ♌ 16 07	5 10	23 43	25 21	12 12 54	21 58
9	M	13 11 24	15 56 08	6 16	18 08 41	4 51	20 00	25 18	24 03 56	17 51
10	T	13 15 21	16 55 25	6 39	29 59 09	4 19	15 31	25 15	5 ♍ 54 47	13 03
11	W	13 19 17	17 54 44	7 02	11 ♍ 51 12	3 37	10 27	25 12	17 48 49	7 45
12	Th	13 23 14	18 54 05	7 24	23 47 57	2 44	4 N58	25 08	29 48 54	2 N08
13	F	13 27 10	19 53 29	7 47	5 ♎ 51 56	1 44	0 S45	25 05	11 ♎ 57 17	3 S38
14	S	13 31 07	20 52 54	8 09	18 05 09	0 N38	6 31	25 02	24 15 43	9 21
15	Su	13 35 04	21 52 22	8 31	0 ♏ 29 07	0 S31	12 08	24 59	6 ♏ 45 31	14 48
16	M	13 39 00	22 51 52	8 53	13 05 00	1 39	17 21	24 56	19 27 40	19 43
17	T	13 42 57	23 51 23	9 15	25 53 38	2 44	21 53	24 53	2 ♐ 22 58	23 48
18	W	13 46 53	24 50 57	9 37	8 ♐ 55 44	3 41	25 25	24 49	15 32 02	26 43
19	Th	13 50 50	25 50 32	9 59	22 11 54	4 27	27 39	24 46	28 55 24	28 11
20	F	13 54 46	26 50 09	10 21	5 ♑ 42 34	5 00	28 18	24 43	12 ♑ 33 25	27 59
21	S	13 58 43	27 49 48	10 42	19 27 56	5 16	27 14	24 40	26 26 03	26 03
22	Su	14 02 39	28 49 29	11 03	3 ♒ 27 40	5 14	24 28	24 37	10 ♒ 32 38	22 29
23	M	14 06 36	29 ♎ 49 11	11 24	17 40 43	4 53	20 10	24 34	24 51 35	17 33
24	T	14 10 33	0 ♏ 48 55	11 45	2 ♓ 04 54	4 13	14 40	24 30	9 ♓ 20 10	11 34
25	W	14 14 29	1 48 40	12 06	16 36 51	3 17	8 18	24 27	23 54 21	4 S55
26	Th	14 18 26	2 48 28	12 27	1 ♈ 12 00	2 08	1 S29	24 24	8 ♈ 29 04	1 N59
27	F	14 22 22	3 48 17	12 47	15 44 49	0 S51	5 N25	24 21	22 58 31	8 46
28	S	14 26 19	4 48 07	13 07	0 ♉ 09 27	0 N29	11 59	24 18	7 ♉ 16 55	15 01
29	Su	14 30 15	5 48 00	13 27	14 20 20	1 46	17 49	24 14	21 19 10	20 22
30	M	14 34 12	6 47 55	13 47	28 13 00	2 54	22 35	24 11	5 ♊ 01 29	24 29
31	T	14 38 08	7 ♏ 47 52	14 S07	11 ♊ 44 27	3 N51	26 N00	24 ♈ 08	18 ♊ 21 49	27 N09

D M	Mercury Lat.	Mercury Dec.	Mercury Dec. (2)	Venus Lat.	Venus Dec.	Venus Dec. (2)	Mars Lat.	Mars Dec.	Mars Dec. (2)	Jupiter Lat.	Jupiter Dec.
	° ′	° ′	° ′	° ′	° ′	° ′	° ′	° ′	° ′	° ′	° ′
1	1 N52	4 N07	3 N 28	2 S 54	10 N48	10 N41	0 N 21	8 S 33	8 S 49	1 S 24	14 N49
3	1 54	2 47	2 06	2 37	10 34	10 26	0 20	9 04	9 19	1 24	14 46
5	1 53	1 N23	0 N 40	2 21	10 17	10 08	0 19	9 34	9 49	1 24	14 42
7	1 50	0 S04	0 S 49	2 04	9 59	9 49	0 18	10 05	10 20	1 25	14 39
9	1 44	1 34	2 19	1 49	9 38	9 27	0 17	10 35	10 49	1 25	14 35
11	1 36	3 05	3 50	1 33	9 16	9 04	0 15	11 04	11 19	1 25	14 31
13	1 26	4 35	5 20	1 19	8 51	8 38	0 14	11 34	11 49	1 25	14 27
15	1 16	6 05	6 49	1 04	8 25	8 11	0 13	12 03	12 18	1 25	14 22
17	1 04	7 33	8 16	0 50	7 56	7 41	0 12	12 32	12 46	1 25	14 18
19	0 52	8 59	9 42	0 37	7 26	7 10	0 11	13 01	13 15	1 25	14 13
21	0 39	10 24	11 05	0 24	6 54	6 38	0 10	13 29	13 43	1 25	14 09
23	0 26	11 46	12 26	0 S 12	6 21	6 03	0 08	13 57	14 11	1 25	14 04
25	0 N13	13 05	13 44	0 00	5 46	5 27	0 07	14 24	14 38	1 25	13 59
27	0 S01	14 22	14 59	0 N 12	5 09	4 50	0 06	14 52	15 05	1 25	13 54
29	0 14	15 35	16 S 11	0 23	4 31	4 N11	0 05	15 18	15 S 32	1 25	13 49
31	0 S28	16 S45		0 N 33	3 N51		0 N 04	15 S45		1 S 25	13 N45

FIRST QUARTER – Oct.22,03h.29m. (28°♑28′)

FULL MOON – Oct.28,20h.24m. (5° ♉ 09′)

D M	☿ Long.	♀ Long.	♂ Long.	♃ Long.	♄ Long.	♅ Long.	♆ Long.	♇ Long.	☉	☿	♀	♂	♃	♄	♅	♆	♇
	° ′	° ′	° ′	° ′	° ′	° ′	° ′	° ′									
1	23♍58	23♌57	22♎50	14♉23	1♓27	22♉38	25♓57	27♑55		⚼				⚹		∠	
2	25 39	24 42	23 30	14R 18	1R 24	22R 36	25R 55	27R 55	⚼	△	□		☌		☌	⚹	
3	27 23	25 28	24 10	14 13	1 21	22 34	25 53	27 54				⚼		□			△
4	29♍07	26 15	24 51	14 07	1 18	22 33	25 52	27 54	△				⚺		⚺		⚼
5	0♎52	27 03	25 31	14 02	1 15	22 31	25 50	27 54		□	⚹	△	∠	△		□	
6	2 38	27 52	26 11	13 56	1 12	22 29	25 49	27 54	□		∠		⚹	⚼	∠		
7	4 24	28 42	26 51	13 50	1 09	22 28	25 47	27 54			⚺	□			⚹	△	☍
8	6 11	29♌32	27 32	13 44	1 07	22 26	25 45	27 54		⚹						⚼	
9	7 57	0♍23	28 12	13 37	1 04	22 24	25 44	27 54	⚹	∠			□		□		
10	9 43	1 15	28 52	13 31	1 02	22 22	25 42	27 54	∠		☌	⚹		☍			
11	11 29	2 08	29♎33	13 24	0 59	22 20	25 41	27D 54		⚺		∠	△				⚼
12	13 15	3 01	0♏13	13 18	0 57	22 18	25 39	27 54	⚺				⚼		△	☍	△
13	15 00	3 55	0 54	13 11	0 55	22 16	25 38	27 54			⚺	⚺			⚼		
14	16 45	4 49	1 35	13 04	0 53	22 14	25 36	27 54	☌	☌	∠			⚼			
15	18 29	5 44	2 15	12 57	0 51	22 12	25 35	27 54			⚹	☌		△			□
16	20 13	6 40	2 56	12 49	0 49	22 10	25 34	27 54					☍			⚼	
17	21 56	7 36	3 37	12 42	0 47	22 08	25 32	27 54	⚺	⚺				□	☍	△	⚹
18	23 38	8 33	4 18	12 35	0 45	22 06	25 31	27 54	∠	∠	□	⚺					∠
19	25 20	9 30	4 59	12 27	0 44	22 04	25 29	27 55	⚹	⚹		∠	⚼			□	⚺
20	27 01	10 28	5 39	12 20	0 42	22 02	25 28	27 55			△	⚹	△	⚹	⚼		
21	28♎42	11 26	6 20	12 12	0 41	21 59	25 27	27 55						∠	△	⚹	
22	0♏22	12 25	7 01	12 04	0 39	21 57	25 25	27 55	□	□	⚼	□		⚺		∠	☌
23	2 01	13 24	7 43	11 57	0 38	21 55	25 24	27 56					□		□		
24	3 40	14 24	8 24	11 49	0 37	21 53	25 23	27 56	△	△		△		☌		⚺	⚺
25	5 18	15 24	9 05	11 41	0 36	21 50	25 21	27 57	⚼	⚼	☍		⚹		⚹		∠
26	6 55	16 25	9 46	11 33	0 35	21 48	25 20	27 57				⚼	∠	⚺	∠	☌	⚹
27	8 32	17 26	10 27	11 25	0 34	21 46	25 19	27 57					⚺	∠	⚺		
28	10 09	18 27	11 09	11 17	0 33	21 43	25 18	27 58	●–●		⚼			⚹		⚺	□
29	11 45	19 29	11 50	11 09	0 33	21 41	25 17	27 59		☍	△	☍	☌			∠	
30	13 20	20 31	12 31	11 01	0 32	21 39	25 15	27 59						□	☌	⚹	△
31	14♏55	21♍34	13♏13	10♉53	0♓32	21♉36	25♓14	28♑00					⚺				⚼

The last nine columns are the Lunar Aspects.

D M	Saturn Lat.	Saturn Dec.	Uranus Lat.	Uranus Dec.	Neptune Lat.	Neptune Dec.	Pluto Lat.	Pluto Dec.
	° ′	° ′	° ′	° ′	° ′	° ′	° ′	° ′
1	1S47	12S39	0S19	18N07	1S17	2S48	2S44	23S16
3	1 47	12 41	0 19	18 06	1 17	2 49	2 44	23 16
5	1 47	12 43	0 19	18 05	1 17	2 50	2 44	23 16
7	1 47	12 44	0 19	18 04	1 17	2 51	2 44	23 16
9	1 46	12 46	0 19	18 03	1 17	2 53	2 44	23 16
11	1 46	12 48	0 19	18 02	1 17	2 54	2 44	23 16
13	1 46	12 49	0 19	18 01	1 17	2 55	2 44	23 16
15	1 46	12 50	0 19	18 00	1 16	2 56	2 44	23 16
17	1 46	12 51	0 19	17 59	1 16	2 57	2 44	23 16
19	1 46	12 52	0 19	17 58	1 16	2 58	2 44	23 16
21	1 45	12 53	0 19	17 57	1 16	2 59	2 44	23 16
23	1 45	12 54	0 19	17 56	1 16	3 00	2 44	23 15
25	1 45	12 54	0 19	17 54	1 16	3 01	2 44	23 15
27	1 45	12 55	0 19	17 53	1 16	3 02	2 44	23 15
29	1 45	12 55	0 19	17 52	1 16	3 03	2 44	23 15
31	1S44	12S55	0S19	17N51	1S16	3S04	2S44	23S15

Mutual Aspects

1 ☉±♃. ☉⚼♅. ☿⚺♀. ♂∇♅.
2 ☿☍♆. ☉#☿.
3 ☿△♇. ☿#♆.
4 ☿⚼♃. ♀∇♆.
5 ☉∠♀. ☿∇♄. ♂∇♆.
6 ♀∇♇.
7 ☉∇♃. ☿⊥♀. ♀#♂.
9 ☉⚼♄. ☉±♅. ☿±♃. ☿±♄. ☿⚼♅.
♂□♇.
10 ♀☍♄.
11 ☿∥♆. ♇ Stat.
12 ☿∇♃.
13 ♀±♇. ♂△♄.
14 ☿⚼♄. ☿±♅. ♂±♆.
15 ☉∇♅. ☉#♀.
16 ♃Q♄.
17 ☿∇♅. ☿#♀.
18 ☿∠♀. ♂∥♄.
19 ☉∇♆. ☿∇♆.
20 ☉☌☿.
21 ☉□♇. ☿□♇.
22 ☿△♄. ♀△♃. ☉∥☿.
23 ☿±♆. ♀⚼♇. ♂#♃.
24 ☉△♄.
25 ☉±♆. ☿∥♄.
26 ☿#♃.
27 ♂⚼♆. ☉∥♄.
28 ☿⚼♆. ♂☍♃. ☿∥♂.
29 ☿☌♂. ☿☍♃.
30 ☉#♃.
31 ♀△♅.

LAST QUARTER – Oct. 6,13h.48m. (13°♋03′)

NEW MOON–Nov.13,09h.27m. (20°♏44′)

D M	D W	Sidereal Time	☉ Long.	☉ Dec.	☽ Long.	☽ Lat.	☽ Dec.	☽ Node	24h. ☽ Long.	24h. ☽ Dec.
		h m s	° ′ ″	° ′	° ′ ″	° ′	° ′	° ′	° ′ ″	° ′
1	W	14 42 05	8 ♏ 47 51	14 S 26	24 ♊ 53 35	4 N34	27 N54	24 ♈ 05	1 ♋ 19 54	28 N16
2	Th	14 46 02	9 47 52	14 45	7 ♋ 41 01	5 02	28 14	24 02	13 57 13	27 51
3	F	14 49 58	10 47 55	15 04	20 08 56	5 15	27 07	23 59	26 16 36	26 04
4	S	14 53 55	11 48 01	15 22	2 ♌ 20 45	5 13	24 43	23 55	8 ♌ 21 56	23 06
5	Su	14 57 51	12 48 08	15 41	14 20 43	4 58	21 16	23 52	20 17 42	19 13
6	M	15 01 48	13 48 17	15 59	26 13 30	4 30	17 00	23 49	2 ♍ 08 44	14 37
7	T	15 05 44	14 48 29	16 17	8 ♍ 03 59	3 50	12 06	23 46	13 59 52	9 28
8	W	15 09 41	15 48 42	16 34	19 56 55	3 01	6 45	23 43	25 55 41	3 N57
9	Th	15 13 37	16 48 58	16 52	1 ♎ 56 40	2 03	1 N06	23 40	8 ♎ 00 20	1 S46
10	F	15 17 34	17 49 15	17 09	14 07 03	0 N59	4 S40	23 36	20 17 12	7 32
11	S	15 21 31	18 49 34	17 25	26 31 04	0 S09	10 22	23 33	2 ♏ 48 51	13 08
12	Su	15 25 27	19 49 55	17 42	9 ♏ 10 43	1 18	15 47	23 30	15 36 46	18 18
13	M	15 29 24	20 50 18	17 58	22 06 58	2 24	20 37	23 27	28 41 18	22 43
14	T	15 33 20	21 50 43	18 14	5 ♐ 19 36	3 24	24 32	23 24	12 ♐ 01 43	26 02
15	W	15 37 17	22 51 09	18 29	18 47 23	4 13	27 10	23 20	25 36 20	27 55
16	Th	15 41 13	23 51 37	18 44	2 ♑ 28 15	4 49	28 14	23 17	9 ♑ 22 48	28 07
17	F	15 45 10	24 52 06	18 59	16 19 40	5 09	27 33	23 14	23 18 31	26 33
18	S	15 49 06	25 52 37	19 14	0 ♒ 19 02	5 11	25 08	23 11	7 ♒ 20 55	23 20
19	Su	15 53 03	26 53 08	19 28	14 23 53	4 54	21 11	23 08	21 27 41	18 44
20	M	15 57 00	27 53 41	19 41	28 32 07	4 19	16 01	23 05	5 ♓ 36 56	13 06
21	T	16 00 56	28 54 15	19 55	12 ♓ 41 56	3 28	10 00	23 01	19 46 55	6 46
22	W	16 04 53	29 ♏ 54 50	20 08	26 51 41	2 25	3 S28	22 58	3 ♈ 55 59	0 S07
23	Th	16 08 49	0 ♐ 55 27	20 21	10 ♈ 59 34	1 S13	3 N14	22 55	18 02 09	6 N32
24	F	16 12 46	1 56 04	20 33	25 03 25	0 N03	9 45	22 52	2 ♉ 03 02	12 50
25	S	16 16 42	2 56 43	20 45	9 ♉ 00 38	1 18	15 44	22 49	15 55 49	18 25
26	Su	16 20 39	3 57 23	20 56	22 48 13	2 28	20 51	22 45	29 37 25	22 59
27	M	16 24 35	4 58 04	21 07	6 ♊ 23 06	3 27	24 47	22 42	13 ♊ 04 56	26 13
28	T	16 28 32	5 58 47	21 18	19 42 38	4 15	27 16	22 39	26 16 02	27 56
29	W	16 32 29	6 59 31	21 29	2 ♋ 44 59	4 47	28 12	22 36	9 ♋ 09 27	28 05
30	Th	16 36 25	8 ♐ 00 17	21 S 39	15 ♋ 29 28	5 N05	27 N35	22 ♈ 33	21 ♋ 45 10	26 N45

D M	Mercury Lat.	Mercury Dec.		Venus Lat.	Venus Dec.		Mars Lat.	Mars Dec.		Jupiter Lat.	Jupiter Dec.
	° ′	° ′	° ′	° ′	° ′	° ′	° ′	° ′	° ′	° ′	° ′
1	0 S 34	17 S 19	17 S 52	0 N 38	3 N31	3 N10	0 N 03	15 S 58	16 S 11	1 S 25	13 N42
3	0 48	18 24	18 55	0 48	2 50	2 29	0 02	16 23	16 36	1 25	13 37
5	1 00	19 25	19 55	0 57	2 07	1 45	0 N 01	16 49	17 01	1 25	13 32
7	1 13	20 23	20 50	1 06	1 24	1 01	0 00	17 13	17 25	1 24	13 27
9	1 24	21 16	21 42	1 14	0 N39	0 N16	0 S 02	17 37	17 49	1 24	13 23
11	1 36	22 06	22 29	1 21	0 S06	0 S29	0 03	18 01	18 13	1 24	13 18
13	1 46	22 51	23 11	1 29	0 52	1 16	0 04	18 24	18 35	1 24	13 13
15	1 56	23 31	23 50	1 35	1 39	2 03	0 05	18 47	18 58	1 23	13 08
17	2 04	24 07	24 23	1 41	2 27	2 50	0 06	19 09	19 19	1 23	13 04
19	2 12	24 38	24 51	1 47	3 14	3 38	0 08	19 30	19 40	1 23	13 00
21	2 18	25 03	25 14	1 52	4 02	4 27	0 09	19 50	20 00	1 22	12 55
23	2 23	25 24	25 32	1 56	4 51	5 15	0 10	20 10	20 20	1 22	12 51
25	2 27	25 39	25 44	2 00	5 39	6 04	0 11	20 30	20 39	1 21	12 47
27	2 28	25 48	25 51	2 04	6 28	6 52	0 12	20 48	20 57	1 21	12 44
29	2 27	25 52	25 S 52	2 07	7 17	7 S41	0 14	21 06	21 S 15	1 20	12 40
31	2 S 24	25 S 50		2 N 10	8 S 05		0 S 15	21 S 23		1 S 20	12 N37

FIRST QUARTER–Nov.20,10h.50m. (27°♒51′)

FULL MOON–Nov.27,09h.16m. (4°♊51′)

EPHEMERIS]				NOVEMBER 2023														23
D	☿	♀	♂	♃	♄	♅	♆	♇	Lunar Aspects									
M	Long.	Long.	Long.	Long.	Long.	Long.	Long.	Long.	☉	☿	♀	♂	♃	♄	♅	♆	♇
	° ′	° ′	° ′	° ′	° ′	° ′	° ′	° ′									
1	16♏29	22♍37	13♏54	10♉44	0♓31	21♉34	25♓13	28♑00	⚼		□	⚼	∠	△	⚺	□	
2	18 03	23 40	14 36	10R 36	0R 31	21R 31	25R 12	28 01	△	⚼			✱		∠		
3	19 37	24 44	15 17	10 28	0 31	21 29	25 11	28 02		△	✱	△		⚼	✱	△	
4	21 10	25 48	15 59	10 20	0D 31	21 27	25 10	28 02									☍
5	22 43	26 52	16 41	10 12	0 31	21 24	25 09	28 03	□		∠	□	□			⚼	
6	24 15	27 57	17 23	10 04	0 31	21 22	25 08	28 04		□	⚺			☍	□		
7	25 47	29♍02	18 04	9 56	0 31	21 19	25 07	28 05					△				⚼
8	27 19	0♎07	18 46	9 48	0 32	21 17	25 06	28 05	✱			✱	⚼		△	☍	
9	28♏50	1 12	19 28	9 39	0 32	21 14	25 05	28 06	∠	✱	☌	∠			⚼		△
10	0♐21	2 18	20 10	9 31	0 33	21 12	25 05	28 07	⚺	∠				⚼			
11	1 52	3 24	20 52	9 23	0 34	21 09	25 04	28 08		⚺		⚺		△			□
12	3 22	4 30	21 34	9 16	0 34	21 07	25 03	28 09			⚺		☍			⚼	
13	4 51	5 37	22 16	9 08	0 35	21 04	25 02	28 10	☌		∠	☌			☍	△	✱
14	6 21	6 44	22 59	9 00	0 36	21 02	25 01	28 11		☌	✱			□			
15	7 50	7 50	23 41	8 52	0 37	20 59	25 01	28 12	⚺			⚺	⚼			□	∠
16	9 18	8 58	24 23	8 45	0 39	20 57	25 00	28 13	∠				△	✱	⚼		⚺
17	10 46	10 05	25 05	8 37	0 40	20 54	24 59	28 14		⚺	□	∠		∠	△		
18	12 14	11 13	25 48	8 30	0 41	20 52	24 59	28 15	✱	∠		✱		⚺		✱	☌
19	13 41	12 21	26 30	8 22	0 43	20 49	24 58	28 16		✱	△		□		□	∠	
20	15 07	13 29	27 13	8 15	0 45	20 47	24 58	28 17	□		⚼	□		☌		⚺	⚺
21	16 33	14 37	27 55	8 08	0 46	20 44	24 57	28 18		□			✱				∠
22	17 58	15 45	28 38	8 01	0 48	20 42	24 57	28 19	△			△	∠	⚺	✱	☌	✱
23	19 23	16 54	29♏20	7 54	0 50	20 40	24 56	28 21	⚼		☍	⚼	⚺	∠	∠		
24	20 46	18 03	0♐03	7 47	0 52	20 37	24 56	28 22		△				✱	⚺	⚺	□
25	22 09	19 12	0 46	7 40	0 54	20 35	24 55	28 23		⚼			☌			∠	
26	23 30	20 21	1 29	7 34	0 56	20 32	24 55	28 24							☌	✱	△
27	24 50	21 30	2 11	7 28	0 59	20 30	24 55	28 26	☍		⚼	☍	⚺	□			
28	26 08	22 40	2 54	7 21	1 01	20 27	24 54	28 27			△		∠		⚺	□	⚼
29	27 25	23 49	3 37	7 15	1 04	20 25	24 54	28 28		☍			✱	△	∠		
30	28♐40	24♎59	4♐20	7♉09	1♓06	20♉23	24♓54	28♑30				⚼		⚼	✱		

D	Saturn		Uranus		Neptune		Pluto	
M	Lat.	Dec.	Lat.	Dec.	Lat.	Dec.	Lat.	Dec.
	° ′	° ′	° ′	° ′	° ′	° ′	° ′	° ′
1	1S44	12S55	0S19	17N50	1S16	3S04	2S44	23S15
3	1 44	12 55	0 19	17 49	1 16	3 05	2 44	23 14
5	1 44	12 54	0 19	17 48	1 16	3 06	2 44	23 14
7	1 44	12 54	0 19	17 46	1 16	3 06	2 44	23 14
9	1 43	12 53	0 19	17 45	1 16	3 07	2 45	23 13
11	1 43	12 53	0 19	17 44	1 16	3 08	2 45	23 13
13	1 43	12 52	0 19	17 42	1 16	3 08	2 45	23 13
15	1 43	12 51	0 19	17 41	1 16	3 09	2 45	23 12
17	1 42	12 49	0 19	17 40	1 16	3 09	2 45	23 12
19	1 42	12 48	0 19	17 39	1 16	3 10	2 45	23 11
21	1 42	12 47	0 19	17 37	1 16	3 10	2 45	23 11
23	1 42	12 45	0 19	17 36	1 16	3 10	2 45	23 11
25	1 41	12 43	0 19	17 35	1 15	3 10	2 45	23 10
27	1 41	12 41	0 19	17 33	1 15	3 11	2 45	23 10
29	1 41	12 39	0 19	17 32	1 15	3 11	2 45	23 09
31	1S41	12S37	0S19	17N31	1S15	3S11	2S45	23S09

Mutual Aspects

1 ☿Q♇.
2 ☉⚼♆. ☿#♅. ♀#♆.
3 ☉☍♃. ♀☍♆.
4 ☿☍♅. ♀⚼♃. ♂Q♇. ♄ Stat.
5 ♃∠♆. 6 ♀△♇.
7 ☿△♆.
8 ☉Q♇. ♀▽♄.
9 ☿✱♇.
10 ☿□♄. ♂#♅.
11 ♀±♃. ♂☍♅.
12 ☉#♅.
13 ☉☍♅. ♀⚼♅.
14 ♀±♄. ☿∥♇.
15 ☉∠♀. ☿✱♀.
16 ☿▽♃. ♀▽♃.
17 ☉△♆. ♀∠♂. ♂△♆.
18 ☉☌♂.
19 ☿±♃. ☿∠♇. ♀∥♆.
20 ☉✱♇. ☉∥♂.
21 ♀±♅.
22 ♀⚼♄. ♂✱♇.
23 ☉□♄. ☿Q♄.
24 ☿▽♅.
25 ☿⚼♃. ☿⊥♇. ♂□♄.
26 ♀▽♅. 27 ☿□♆.
28 ☿±♅.
29 ☉▽♃. ♃#♄.
30 ☿⚺♇. ♀▽♆.

LAST QUARTER–Nov. 5,08h.37m. (12°♌40′)

NEW MOON – Dec.12,23h.32m. (20°♐40′)

D M	D W	Sidereal Time	☉ Long.	☉ Dec.	☽ Long.	☽ Lat.	☽ Dec.	☽ Node	24h. ☽ Long.	24h. ☽ Dec.
		h m s	° ′ ″	° ′	° ′ ″	° ′	° ′	° ′	° ′ ″	° ′
1	F	16 40 22	9 ♐ 01 04	21 S 48	27 ♋ 56 47	5 N07	25 N35	22 ♈ 30	4 ♌ 04 35	24 N09
2	S	16 44 18	10 01 52	21 57	10 ♌ 08 58	4 56	22 27	22 26	16 10 21	20 31
3	Su	16 48 15	11 02 42	22 06	22 09 15	4 31	18 24	22 23	28 06 12	16 07
4	M	16 52 11	12 03 33	22 14	4 ♍ 01 48	3 55	13 41	22 20	9 ♍ 56 41	11 08
5	T	16 56 08	13 04 25	22 22	15 51 29	3 09	8 29	22 17	21 46 53	5 46
6	W	17 00 04	14 05 19	22 29	27 43 32	2 15	2 N58	22 14	3 ♎ 42 06	0 N09
7	Th	17 04 01	15 06 13	22 36	9 ♎ 43 14	1 14	2 S 43	22 11	15 47 33	5 S 34
8	F	17 07 58	16 07 10	22 43	21 55 38	0 N09	8 24	22 07	28 08 02	11 11
9	S	17 11 54	17 08 07	22 49	4 ♏ 25 10	0 S 57	13 54	22 04	10 ♏ 47 27	16 30
10	Su	17 15 51	18 09 06	22 55	17 15 09	2 03	18 57	22 01	23 48 27	21 13
11	M	17 19 47	19 10 05	23 00	0 ♐ 27 23	3 04	23 14	21 58	7 ♐ 11 54	24 59
12	T	17 23 44	20 11 06	23 05	14 01 46	3 56	26 23	21 55	20 56 39	27 24
13	W	17 27 40	21 12 08	23 09	27 56 05	4 35	28 00	21 51	4 ♑ 59 29	28 09
14	Th	17 31 37	22 13 10	23 13	12 ♑ 06 10	4 58	27 50	21 48	19 15 26	27 03
15	F	17 35 33	23 14 13	23 16	26 26 30	5 03	25 49	21 45	3 ♒ 38 37	24 10
16	S	17 39 30	24 15 17	23 19	10 ♒ 51 04	4 49	22 08	21 42	18 03 10	19 47
17	Su	17 43 27	25 16 21	23 21	25 14 21	4 17	17 08	21 39	2 ♓ 24 08	14 16
18	M	17 47 23	26 17 25	23 23	9 ♓ 32 06	3 28	11 12	21 36	16 38 00	8 02
19	T	17 51 20	27 18 30	23 25	23 41 36	2 28	4 S 46	21 32	0 ♈ 42 48	1 S 27
20	W	17 55 16	28 19 35	23 26	7 ♈ 41 33	1 19	1 N51	21 29	14 37 51	5 N07
21	Th	17 59 13	29 ♐ 20 40	23 26	21 31 43	0 S 06	8 18	21 26	28 23 10	11 23
22	F	18 03 09	0 ♑ 21 45	23 26	5 ♉ 12 15	1 N06	14 18	21 23	11 ♉ 58 59	17 02
23	S	18 07 06	1 22 51	23 26	18 43 20	2 14	19 32	21 20	25 25 17	21 47
24	Su	18 11 02	2 23 57	23 25	2 ♊ 04 44	3 13	23 44	21 17	8 ♊ 41 35	25 21
25	M	18 14 59	3 25 03	23 24	15 15 44	4 01	26 37	21 13	21 47 01	27 30
26	T	18 18 56	4 26 09	23 22	28 15 18	4 35	28 01	21 10	4 ♋ 40 27	28 08
27	W	18 22 52	5 27 16	23 20	11 ♋ 02 22	4 55	27 53	21 07	17 20 58	27 16
28	Th	18 26 49	6 28 23	23 17	23 36 13	5 00	26 18	21 04	29 48 09	25 02
29	F	18 30 45	7 29 31	23 14	5 ♌ 56 50	4 51	23 29	21 01	12 ♌ 02 27	21 41
30	S	18 34 42	8 30 38	23 10	18 05 12	4 29	19 40	20 57	24 05 23	17 28
31	Su	18 38 38	9 ♑ 31 46	23 S 06	0 ♍ 03 22	3 N55	15 N07	20 ♈ 54	5 ♍ 59 33	12 N38

D M	Mercury Lat.	Mercury Dec.	Mercury Dec.	Venus Lat.	Venus Dec.	Venus Dec.	Mars Lat.	Mars Dec.	Mars Dec.	Jupiter Lat.	Jupiter Dec.
	° ′	° ′	° ′	° ′	° ′	° ′	° ′	° ′	° ′	° ′	° ′
1	2 S 24	25 S 50	25 S 47	2 N 10	8 S 05	8 S 29	0 S 15	21 S 23	21 S 31	1 S 20	12 N37
3	2 18	25 43	25 37	2 12	8 53	9 17	0 16	21 39	21 47	1 19	12 33
5	2 08	25 30	25 22	2 13	9 41	10 05	0 17	21 55	22 02	1 19	12 30
7	1 54	25 12	25 02	2 15	10 28	10 52	0 18	22 10	22 17	1 18	12 28
9	1 36	24 50	24 37	2 15	11 15	11 38	0 20	22 23	22 30	1 18	12 25
11	1 13	24 24	24 09	2 16	12 01	12 23	0 21	22 37	22 43	1 17	12 23
13	0 44	23 54	23 38	2 16	12 46	13 08	0 22	22 49	22 54	1 17	12 21
15	0 S 10	23 22	23 05	2 15	13 30	13 52	0 23	23 00	23 05	1 16	12 19
17	0 N28	22 48	22 31	2 14	14 13	14 35	0 24	23 10	23 15	1 16	12 18
19	1 08	22 13	21 56	2 13	14 56	15 16	0 26	23 20	23 24	1 15	12 17
21	1 46	21 39	21 22	2 11	15 36	15 56	0 27	23 28	23 32	1 14	12 16
23	2 20	21 06	20 52	2 09	16 16	16 35	0 28	23 36	23 40	1 14	12 15
25	2 45	20 39	20 28	2 07	16 54	17 12	0 29	23 43	23 46	1 13	12 15
27	3 01	20 20	20 13	2 04	17 30	17 48	0 30	23 48	23 51	1 13	12 15
29	3 07	20 09	20 S 08	2 01	18 05	18 S 22	0 32	23 53	23 S 55	1 12	12 15
31	3 N05	20 S 08		1 N 58	18 S 38		0 S 33	23 S 57		1 S 11	12 N16

FIRST QUARTER – Dec.19,18h.39m. (27°♓35′)

FULL MOON–Dec.27,00h.33m. (4°♋58′)

D M	☿ Long.	♀ Long.	♂ Long.	♃ Long.	♄ Long.	♅ Long.	♆ Long.	♇ Long.
	° ′	° ′	° ′	° ′	° ′	° ′	° ′	° ′
1	29♐53	26♎09	5♐03	7♉03	1♓09	20♉20	24♓54	28♑31
2	1♑03	27 19	5 46	6R 58	1 12	20R 18	24R 54	28 32
3	2 10	28 29	6 29	6 52	1 15	20 16	24 53	28 34
4	3 13	29♎40	7 13	6 47	1 18	20 14	24 53	28 35
5	4 13	0♏50	7 56	6 42	1 21	20 11	24 53	28 37
6	5 08	2 01	8 39	6 37	1 24	20 09	24 53	28 38
7	5 58	3 12	9 22	6 32	1 27	20 07	24D 53	28 40
8	6 43	4 23	10 06	6 27	1 31	20 05	24 53	28 41
9	7 20	5 34	10 49	6 23	1 34	20 03	24 53	28 43
10	7 51	6 45	11 33	6 19	1 38	20 00	24 54	28 44
11	8 13	7 56	12 16	6 15	1 42	19 58	24 54	28 46
12	8 26	9 08	13 00	6 11	1 45	19 56	24 54	28 47
13	8R 29	10 19	13 43	6 07	1 49	19 54	24 54	28 49
14	8 22	11 31	14 27	6 03	1 53	19 52	24 54	28 51
15	8 03	12 42	15 11	6 00	1 57	19 50	24 55	28 52
16	7 32	13 54	15 54	5 57	2 01	19 48	24 55	28 54
17	6 50	15 06	16 38	5 54	2 05	19 46	24 55	28 56
18	5 57	16 18	17 22	5 51	2 10	19 45	24 56	28 57
19	4 54	17 30	18 06	5 49	2 14	19 43	24 56	28 59
20	3 43	18 42	18 50	5 47	2 18	19 41	24 57	29 01
21	2 25	19 54	19 34	5 44	2 23	19 39	24 57	29 02
22	1♑03	21 07	20 18	5 43	2 27	19 37	24 58	29 04
23	29♐40	22 19	21 02	5 41	2 32	19 36	24 58	29 06
24	28 19	23 31	21 46	5 39	2 37	19 34	24 59	29 08
25	27 03	24 44	22 30	5 38	2 42	19 32	25 00	29 10
26	25 52	25 56	23 15	5 37	2 46	19 31	25 00	29 11
27	24 50	27 09	23 59	5 36	2 51	19 29	25 01	29 13
28	23 58	28 22	24 43	5 36	2 56	19 28	25 02	29 15
29	23 16	29♏35	25 27	5 35	3 02	19 26	25 02	29 17
30	22 45	0♐47	26 12	5 35	3 07	19 25	25 03	29 19
31	22♐24	2♐00	26♐56	5♉35	3♓12	19♉24	25♓04	29♑21

Lunar Aspects

D	⊙	☿	♀	♂	♃	♄	♅	♆	♇
1	⚼		□					△	☍
2	△			△	□			⚼	
3		⚼					□		
4		△	⚹	□	△	☍			
5	□		∠		⚼		△		⚼
6			⚺					☍	△
7	⚹	□		⚹			⚼		
8				∠		⚼			
9	∠	⚹	☌		☍	△		⚼	□
10	⚺	∠		⚺			☍		
11						□		△	⚹
12	☌	⚺	⚺	☌					∠
13			∠		⚼	⚹	⚼	□	⚺
14		☌	⚹	⚺	△	∠			
15	⚺			∠		⚺	△	⚹	☌
16	∠	⚺	□	⚹	□			∠	
17	⚹	∠				☌	□	⚺	⚺
18		⚹			⚹				∠
19	□		△	□	∠		⚹	☌	⚹
20		□	⚼		⚺	⚺	∠		
21				△		∠	⚺	⚺	
22	△	△		⚼	☌	⚹		∠	□
23	⚼	⚼	☍				☌	⚹	
24					⚺	□			△
25					∠		⚺		⚼
26		☍		☍		△	∠	□	
27	☍		⚼		⚹				
28			△			⚼	⚹	△	☍
29		⚼		⚼	□			⚼	
30	⚼	△					□		
31			□	△	△	☍			

D M	Saturn Lat.	Saturn Dec.	Uranus Lat.	Uranus Dec.	Neptune Lat.	Neptune Dec.	Pluto Lat.	Pluto Dec.
	° ′	° ′	° ′	° ′	° ′	° ′	° ′	° ′
1	1S41	12S37	0S19	17N31	1S15	3S11	2S45	23S09
3	1 41	12 35	0 19	17 30	1 15	3 11	2 45	23 08
5	1 40	12 32	0 19	17 29	1 15	3 11	2 45	23 07
7	1 40	12 30	0 19	17 28	1 15	3 11	2 45	23 07
9	1 40	12 27	0 19	17 26	1 15	3 11	2 45	23 06
11	1 40	12 24	0 19	17 25	1 15	3 10	2 45	23 06
13	1 40	12 21	0 19	17 24	1 15	3 10	2 45	23 05
15	1 39	12 18	0 19	17 23	1 15	3 10	2 45	23 04
17	1 39	12 15	0 19	17 22	1 15	3 09	2 45	23 04
19	1 39	12 12	0 19	17 21	1 15	3 09	2 45	23 03
21	1 39	12 08	0 19	17 20	1 15	3 09	2 46	23 03
23	1 39	12 05	0 19	17 20	1 14	3 08	2 46	23 02
25	1 38	12 01	0 18	17 19	1 14	3 07	2 46	23 01
27	1 38	11 57	0 18	17 18	1 14	3 07	2 46	23 01
29	1 38	11 53	0 18	17 17	1 14	3 06	2 46	23 00
31	1S38	11S49	0S18	17N17	1S14	3S05	2S46	22S59

Mutual Aspects

2 ☿⚹♄.
3 ♀□♇. ♂∇♃.
5 ⊙±♃. ♀△♄. ♀±♆.
6 ⊙∠♇. ☿⚼♅. ♆Stat.
7 ♀⊥♂. 8 ☿△♃.
10 ♀☍♃.
11 ☿⚹♀. ♂±♃.
12 ⊙Q♄. ⊙∇♅. ⊙∥♇. ♀#♃. ♀∥♄.
13 ⊙⚼♃. ♀⚼♆. ♂∠♇. ☿Stat.
15 ⊙⊥♇. ⊙∥☿. ♃#♄.
16 ☿∥♂. ☿∥♇. ♂∥♇.
17 ⊙±♅. ⊙□♆.
18 ☿△♃.
19 ☿⚼♅. ♀Q♇.
20 ☿∠♀. ♀⚺♂. ⊙∥♂.
21 ⊙⚺♇. ☿⚹♄. ♀☍♅. ♂∇♅.
22 ⊙☌☿. ♂Q♄.
23 ☿⚺♇. ♂⚼♃.
24 ⊙⚹♄. ☿⊥♀.
25 ♀△♆.
26 ⊙⚼♅. ☿⚺♀. ☿±♅. ♂⊥♇. ♀#♅.
27 ⊙△♃. ☿□♆.
28 ☿☌♂. ♂□♆.
29 ☿⊥♇. ♀⚹♇. ♂±♅.
31 ♃Stat.

LAST QUARTER–Dec. 5,05h.49m. (12°♍49′)

JANUARY

D	☉	☽	☽Dec.	☿	♀	♂
	° ′ ″	° ′ ″	° ′	° ′	° ′	′
1	1 01 08	12 28 11	4 38	0 36	1 15	9
2	1 01 08	12 16 32	3 44	0 48	1 15	8
3	1 01 08	12 07 54	2 40	0 58	1 15	8
4	1 01 08	12 01 41	1 27	1 07	1 15	7
5	1 01 08	11 57 18	0 10	1 14	1 15	6
6	1 01 08	11 54 20	1 06	1 19	1 15	5
7	1 01 08	11 52 39	2 16	1 21	1 15	4
8	1 01 08	11 52 19	3 18	1 20	1 15	3
9	1 01 07	11 53 42	4 08	1 17	1 15	3
10	1 01 07	11 57 21	4 48	1 12	1 15	2
11	1 01 07	12 03 58	5 17	1 05	1 15	1
12	1 01 07	12 14 16	5 36	0 56	1 15	0
13	1 01 07	12 28 50	5 45	0 47	1 15	0
14	1 01 07	12 48 03	5 42	0 38	1 15	1
15	1 01 07	13 11 46	5 25	0 28	1 15	2
16	1 01 07	13 39 11	4 49	0 18	1 15	3
17	1 01 07	14 08 34	3 48	0 09	1 15	3
18	1 01 06	14 37 10	2 19	0 00	1 15	4
19	1 01 06	15 01 23	0 26	0 08	1 15	5
20	1 01 06	15 17 27	1 38	0 15	1 15	6
21	1 01 05	15 22 27	3 32	0 22	1 15	6
22	1 01 04	15 15 23	5 02	0 28	1 15	7
23	1 01 04	14 57 31	5 59	0 34	1 15	8
24	1 01 03	14 31 58	6 27	0 39	1 15	8
25	1 01 02	14 02 32	6 28	0 44	1 15	9
26	1 01 00	13 32 49	6 11	0 48	1 15	10
27	1 00 59	13 05 30	5 38	0 52	1 15	10
28	1 00 58	12 42 13	4 54	0 55	1 15	11
29	1 00 57	12 23 41	3 59	0 58	1 15	11
30	1 00 56	12 09 56	2 55	1 01	1 15	12
31	1 00 55	12 00 35	1 43	1 04	1 15	12

FEBRUARY

D	☉	☽	☽Dec.	☿	♀	♂
	° ′ ″	° ′ ″	° ′	° ′	° ′	′
1	1 00 53	11 54 57	0 27	1 06	1 15	13
2	1 00 52	11 52 19	0 50	1 08	1 15	14
3	1 00 51	11 51 55	2 02	1 10	1 14	14
4	1 00 50	11 53 11	3 06	1 12	1 14	15
5	1 00 49	11 55 43	4 00	1 14	1 14	15
6	1 00 47	11 59 25	4 43	1 16	1 14	16
7	1 00 46	12 04 26	5 14	1 17	1 14	16
8	1 00 45	12 11 11	5 34	1 19	1 14	16
9	1 00 44	12 20 17	5 43	1 20	1 14	17
10	1 00 43	12 32 21	5 41	1 21	1 14	17
11	1 00 42	12 47 57	5 25	1 22	1 14	18
12	1 00 41	13 07 20	4 53	1 24	1 14	18
13	1 00 40	13 30 14	4 02	1 25	1 14	19
14	1 00 39	13 55 39	2 46	1 26	1 14	19
15	1 00 38	14 21 39	1 08	1 27	1 14	19
16	1 00 37	14 45 25	0 47	1 28	1 14	20
17	1 00 35	15 03 34	2 43	1 29	1 14	20
18	1 00 34	15 12 56	4 25	1 30	1 14	21
19	1 00 32	15 11 33	5 42	1 31	1 14	21
20	1 00 31	14 59 21	6 27	1 32	1 14	21
21	1 00 29	14 38 13	6 43	1 33	1 14	22
22	1 00 27	14 11 19	6 35	1 34	1 14	22
23	1 00 26	13 42 07	6 06	1 35	1 14	22
24	1 00 24	13 13 42	5 21	1 36	1 14	23
25	1 00 22	12 48 18	4 24	1 37	1 14	23
26	1 00 20	12 27 13	3 18	1 38	1 14	23
27	1 00 18	12 11 06	2 04	1 39	1 13	23
28	1 00 16	11 59 57	0 46	1 40	1 13	24

MARCH

D	☉	☽	☽Dec.	☿	♀	♂
	° ′ ″	° ′ ″	° ′	° ′	° ′	′
1	1 00 14	11 53 27	0 32	1 41	1 13	24
2	1 00 12	11 51 01	1 46	1 42	1 13	24
3	1 00 10	11 51 57	2 53	1 43	1 13	25
4	1 00 08	11 55 30	3 50	1 44	1 13	25
5	1 00 06	12 01 01	4 36	1 45	1 13	25
6	1 00 04	12 07 56	5 11	1 46	1 13	25
7	1 00 02	12 15 55	5 35	1 47	1 13	26
8	1 00 00	12 24 51	5 47	1 48	1 13	26
9	0 59 58	12 34 51	5 47	1 49	1 13	26
10	0 59 57	12 46 14	5 33	1 50	1 13	26
11	0 59 55	12 59 20	5 03	1 51	1 13	26
12	0 59 53	13 14 24	4 14	1 53	1 13	27
13	0 59 52	13 31 26	3 04	1 54	1 13	27
14	0 59 50	13 49 56	1 34	1 55	1 13	27
15	0 59 49	14 08 50	0 11	1 56	1 12	27
16	0 59 47	14 26 25	2 01	1 57	1 12	27
17	0 59 45	14 40 30	3 44	1 58	1 12	28
18	0 59 43	14 48 51	5 08	1 59	1 12	28
19	0 59 41	14 49 43	6 08	1 59	1 12	28
20	0 59 40	14 42 26	6 40	2 00	1 12	28
21	0 59 38	14 27 35	6 46	2 01	1 12	28
22	0 59 36	14 06 52	6 28	2 01	1 12	29
23	0 59 33	13 42 41	5 51	2 01	1 12	29
24	0 59 31	13 17 31	4 57	2 01	1 12	29
25	0 59 29	12 53 35	3 50	2 01	1 12	29
26	0 59 27	12 32 31	2 34	2 00	1 12	29
27	0 59 25	12 15 26	1 13	1 59	1 12	29
28	0 59 22	12 02 56	0 08	1 57	1 11	29
29	0 59 20	11 55 12	1 25	1 56	1 11	30
30	0 59 18	11 52 07	2 35	1 54	1 11	30
31	0 59 15	11 53 19	3 35	1 51	1 11	30

APRIL

D	☉	☽	☽Dec.	☿	♀	♂
	° ′ ″	° ′ ″	° ′	° ′	° ′	′
1	0 59 13	11 58 14	4 25	1 48	1 11	30
2	0 59 11	12 06 15	5 04	1 45	1 11	30
3	0 59 09	12 16 36	5 32	1 41	1 11	30
4	0 59 06	12 28 35	5 50	1 37	1 11	30
5	0 59 04	12 41 30	5 55	1 32	1 11	31
6	0 59 02	12 54 48	5 45	1 28	1 11	31
7	0 59 00	13 08 05	5 18	1 23	1 10	31
8	0 58 59	13 21 04	4 32	1 18	1 10	31
9	0 58 57	13 33 36	3 24	1 12	1 10	31
10	0 58 55	13 45 33	1 56	1 06	1 10	31
11	0 58 53	13 56 43	0 14	1 01	1 10	31
12	0 58 52	14 06 43	1 33	0 55	1 10	31
13	0 58 50	14 14 58	3 14	0 49	1 10	31
14	0 58 48	14 20 40	4 39	0 42	1 10	32
15	0 58 46	14 22 57	5 42	0 36	1 09	32
16	0 58 45	14 21 05	6 22	0 30	1 09	32
17	0 58 43	14 14 37	6 38	0 24	1 09	32
18	0 58 41	14 03 36	6 33	0 17	1 09	32
19	0 58 39	13 48 37	6 07	0 11	1 09	32
20	0 58 37	13 30 42	5 23	0 05	1 09	32
21	0 58 35	13 11 12	4 21	0 01	1 09	32
22	0 58 33	12 51 37	3 07	0 07	1 09	32
23	0 58 31	12 33 20	1 45	0 12	1 08	32
24	0 58 29	12 17 33	0 21	0 17	1 08	32
25	0 58 27	12 05 12	1 00	0 22	1 08	33
26	0 58 25	11 56 59	2 14	0 26	1 08	33
27	0 58 23	11 53 14	3 17	0 30	1 08	33
28	0 58 21	11 54 08	4 09	0 33	1 08	33
29	0 58 19	11 59 33	4 51	0 35	1 07	33
30	0 58 17	12 09 09	5 23	0 37	1 07	33

MAY

D	⊙	☽	☽Dec.	☿	♀	♂
	° ′ ″	° ′ ″	° ′	° ′	° ′	′
1	0 58 15	12 22 21	5 45	0 38	1 07	33
2	0 58 13	12 38 21	5 55	0 39	1 07	33
3	0 58 11	12 56 08	5 53	0 39	1 07	33
4	0 58 09	13 14 29	5 34	0 38	1 07	33
5	0 58 07	13 32 08	4 54	0 36	1 06	33
6	0 58 06	13 47 52	3 51	0 34	1 06	33
7	0 58 04	14 00 39	2 25	0 31	1 06	33
8	0 58 03	14 09 50	0 41	0 28	1 06	33
9	0 58 01	14 15 10	1 09	0 24	1 06	34
10	0 58 00	14 16 49	2 53	0 21	1 05	34
11	0 57 59	14 15 14	4 20	0 16	1 05	34
12	0 57 57	14 11 00	5 24	0 12	1 05	34
13	0 57 56	14 04 40	6 06	0 08	1 05	34
14	0 57 55	13 56 36	6 27	0 03	1 04	34
15	0 57 53	13 47 04	6 27	0 02	1 04	34
16	0 57 52	13 36 07	6 09	0 06	1 04	34
17	0 57 51	13 23 51	5 34	0 11	1 04	34
18	0 57 50	13 10 25	4 41	0 15	1 03	34
19	0 57 48	12 56 09	3 34	0 20	1 03	34
20	0 57 47	12 41 35	2 15	0 24	1 03	34
21	0 57 45	12 27 29	0 50	0 28	1 03	34
22	0 57 44	12 14 41	0 34	0 33	1 02	34
23	0 57 43	12 04 05	1 51	0 36	1 02	34
24	0 57 41	11 56 32	2 58	0 40	1 02	34
25	0 57 39	11 52 45	3 53	0 44	1 01	34
26	0 57 38	11 53 20	4 36	0 48	1 01	35
27	0 57 36	11 58 38	5 10	0 51	1 01	35
28	0 57 35	12 08 46	5 34	0 55	1 00	35
29	0 57 34	12 23 34	5 48	0 58	1 00	35
30	0 57 32	12 42 28	5 52	1 01	1 00	35
31	0 57 31	13 04 29	5 41	1 05	0 59	35

JUNE

D	⊙	☽	☽Dec.	☿	♀	♂
	° ′ ″	° ′ ″	° ′	° ′	° ′	′
1	0 57 30	13 28 07	5 12	1 08	0 59	35
2	0 57 29	13 51 26	4 19	1 11	0 58	35
3	0 57 27	14 12 10	3 00	1 14	0 58	35
4	0 57 27	14 28 11	1 18	1 17	0 58	35
5	0 57 26	14 37 47	0 37	1 20	0 57	35
6	0 57 25	14 40 15	2 30	1 22	0 57	35
7	0 57 24	14 35 56	4 06	1 25	0 56	35
8	0 57 23	14 26 11	5 17	1 28	0 56	35
9	0 57 23	14 12 47	6 01	1 31	0 55	35
10	0 57 22	13 57 36	6 23	1 34	0 55	35
11	0 57 22	13 42 07	6 25	1 36	0 54	35
12	0 57 21	13 27 18	6 09	1 39	0 53	35
13	0 57 21	13 13 35	5 37	1 42	0 53	35
14	0 57 20	13 00 56	4 51	1 45	0 52	35
15	0 57 20	12 49 11	3 49	1 47	0 52	35
16	0 57 20	12 38 01	2 36	1 50	0 51	36
17	0 57 19	12 27 20	1 14	1 52	0 50	36
18	0 57 18	12 17 09	0 10	1 55	0 50	36
19	0 57 18	12 07 49	1 30	1 57	0 49	36
20	0 57 17	11 59 52	2 40	2 00	0 48	36
21	0 57 17	11 53 59	3 38	2 02	0 47	36
22	0 57 16	11 50 58	4 24	2 04	0 47	36
23	0 57 15	11 51 35	4 59	2 06	0 46	36
24	0 57 15	11 56 33	5 23	2 07	0 45	36
25	0 57 14	12 06 21	5 39	2 08	0 44	36
26	0 57 13	12 21 15	5 45	2 09	0 43	36
27	0 57 13	12 41 09	5 39	2 10	0 42	36
28	0 57 12	13 05 22	5 19	2 11	0 41	36
29	0 57 12	13 32 35	4 38	2 11	0 40	36
30	0 57 12	14 00 40	3 33	2 11	0 39	36

JULY

D	⊙	☽	☽Dec.	☿	♀	♂
	° ′ ″	° ′ ″	° ′	° ′	° ′	′
1	0 57 11	14 26 47	2 01	2 11	0 38	36
2	0 57 11	14 47 46	0 07	2 10	0 36	36
3	0 57 11	15 00 47	1 53	2 09	0 35	36
4	0 57 11	15 04 06	3 43	2 08	0 34	36
5	0 57 11	14 57 42	5 08	2 07	0 32	36
6	0 57 11	14 43 14	6 03	2 06	0 31	36
7	0 57 11	14 23 23	6 30	2 04	0 30	36
8	0 57 12	14 01 03	6 33	2 03	0 28	36
9	0 57 12	13 38 46	6 17	2 01	0 27	36
10	0 57 13	13 18 12	5 46	1 59	0 25	36
11	0 57 13	13 00 15	5 00	1 57	0 23	37
12	0 57 14	12 45 09	4 01	1 56	0 22	37
13	0 57 14	12 32 41	2 51	1 54	0 20	37
14	0 57 15	12 22 22	1 32	1 52	0 18	37
15	0 57 15	12 13 42	0 09	1 50	0 16	37
16	0 57 15	12 06 19	1 11	1 48	0 14	37
17	0 57 16	12 00 01	2 24	1 46	0 12	37
18	0 57 16	11 54 53	3 25	1 44	0 10	37
19	0 57 16	11 51 17	4 14	1 43	0 08	37
20	0 57 17	11 49 46	4 51	1 41	0 06	37
21	0 57 17	11 51 03	5 17	1 39	0 04	37
22	0 57 17	11 55 52	5 33	1 37	0 01	37
23	0 57 18	12 04 56	5 39	1 35	0 01	37
24	0 57 18	12 18 49	5 36	1 33	0 03	37
25	0 57 18	12 37 45	5 19	1 31	0 06	37
26	0 57 19	13 01 31	4 47	1 29	0 08	37
27	0 57 19	13 29 13	3 54	1 28	0 11	37
28	0 57 20	13 59 03	2 36	1 26	0 13	37
29	0 57 20	14 28 16	0 54	1 24	0 15	37
30	0 57 21	14 53 24	1 04	1 22	0 18	37
31	0 57 22	15 10 52	3 03	1 20	0 20	37

AUGUST

D	⊙	☽	☽Dec.	☿	♀	♂
	° ′ ″	° ′ ″	° ′	° ′	° ′	′
1	0 57 22	15 17 57	4 44	1 18	0 22	37
2	0 57 23	15 13 40	5 56	1 15	0 24	37
3	0 57 24	14 59 10	6 37	1 13	0 26	37
4	0 57 25	14 37 11	6 49	1 11	0 28	37
5	0 57 26	14 11 08	6 37	1 09	0 30	38
6	0 57 27	13 44 15	6 06	1 06	0 32	38
7	0 57 29	13 18 57	5 18	1 04	0 33	38
8	0 57 30	12 56 44	4 18	1 01	0 34	38
9	0 57 32	12 38 15	3 07	0 59	0 35	38
10	0 57 33	12 23 34	1 48	0 56	0 36	38
11	0 57 34	12 12 20	0 26	0 53	0 37	38
12	0 57 36	12 04 02	0 55	0 50	0 37	38
13	0 57 37	11 58 06	2 09	0 46	0 37	38
14	0 57 38	11 54 03	3 13	0 43	0 37	38
15	0 57 39	11 51 34	4 06	0 39	0 37	38
16	0 57 41	11 50 36	4 46	0 35	0 36	38
17	0 57 42	11 51 19	5 14	0 31	0 35	38
18	0 57 43	11 54 06	5 32	0 27	0 34	38
19	0 57 44	11 59 30	5 39	0 22	0 33	38
20	0 57 45	12 08 09	5 36	0 18	0 32	38
21	0 57 47	12 20 37	5 21	0 13	0 30	38
22	0 57 48	12 37 21	4 52	0 07	0 29	38
23	0 57 49	12 58 26	4 06	0 02	0 27	38
24	0 57 50	13 23 22	2 59	0 04	0 25	38
25	0 57 51	13 50 58	1 30	0 10	0 23	38
26	0 57 53	14 19 05	0 18	0 16	0 20	38
27	0 57 54	14 44 46	2 13	0 22	0 18	38
28	0 57 55	15 04 39	4 02	0 28	0 16	38
29	0 57 57	15 15 38	5 30	0 33	0 13	39
30	0 57 58	15 15 54	6 30	0 39	0 11	39
31	0 58 00	15 05 29	6 58	0 44	0 09	39

SEPTEMBER

D	☉	☽	☽Dec.	☿	♀	♂
	° ′ ″	° ′ ″	° ′	° ′	° ′	′
1	0 58 01	14 46 13	6 58	0 49	0 06	39
2	0 58 03	14 21 04	6 33	0 53	0 04	39
3	0 58 05	13 53 18	5 48	0 56	0 01	39
4	0 58 07	13 25 48	4 47	0 58	0 01	39
5	0 58 09	13 00 38	3 33	0 58	0 03	39
6	0 58 11	12 39 03	2 12	0 58	0 06	39
7	0 58 13	12 21 40	0 47	0 56	0 08	39
8	0 58 15	12 08 32	0 37	0 53	0 10	39
9	0 58 17	11 59 22	1 53	0 49	0 12	39
10	0 58 19	11 53 44	3 00	0 44	0 14	39
11	0 58 21	11 51 05	3 56	0 37	0 16	39
12	0 58 23	11 50 55	4 39	0 29	0 18	39
13	0 58 25	11 52 48	5 11	0 21	0 20	39
14	0 58 27	11 56 30	5 32	0 12	0 22	39
15	0 58 29	12 01 55	5 42	0 03	0 24	39
16	0 58 30	12 09 10	5 41	0 06	0 25	39
17	0 58 32	12 18 29	5 28	0 16	0 27	39
18	0 58 34	12 30 14	5 01	0 25	0 29	39
19	0 58 36	12 44 41	4 17	0 34	0 30	39
20	0 58 38	13 01 59	3 15	0 43	0 32	40
21	0 58 39	13 21 58	1 54	0 51	0 33	40
22	0 58 41	13 43 57	0 15	0 59	0 34	40
23	0 58 43	14 06 38	1 32	1 06	0 36	40
24	0 58 44	14 28 06	3 18	1 13	0 37	40
25	0 58 46	14 45 55	4 51	1 18	0 38	40
26	0 58 48	14 57 39	6 02	1 24	0 39	40
27	0 58 49	15 01 24	6 47	1 28	0 40	40
28	0 58 51	14 56 17	7 04	1 32	0 42	40
29	0 58 53	14 42 50	6 54	1 35	0 43	40
30	0 58 55	14 22 44	6 19	1 38	0 44	40

OCTOBER

D	☉	☽	☽Dec.	☿	♀	♂
	° ′ ″	° ′ ″	° ′	° ′	° ′	′
1	0 58 57	13 58 22	5 23	1 40	0 45	40
2	0 59 00	13 32 21	4 10	1 42	0 46	40
3	0 59 02	13 06 56	2 46	1 44	0 47	40
4	0 59 04	12 43 56	1 16	1 45	0 47	40
5	0 59 07	12 24 32	0 12	1 46	0 48	40
6	0 59 09	12 09 24	1 34	1 46	0 49	40
7	0 59 11	11 58 46	2 44	1 46	0 50	40
8	0 59 14	11 52 34	3 43	1 46	0 51	40
9	0 59 16	11 50 29	4 29	1 46	0 51	40
10	0 59 18	11 52 03	5 04	1 46	0 52	40
11	0 59 20	11 56 44	5 29	1 46	0 53	41
12	0 59 22	12 03 59	5 43	1 45	0 54	41
13	0 59 24	12 13 13	5 46	1 45	0 54	41
14	0 59 27	12 23 59	5 37	1 44	0 55	41
15	0 59 29	12 35 52	5 13	1 44	0 55	41
16	0 59 31	12 48 38	4 32	1 43	0 56	41
17	0 59 33	13 02 06	3 33	1 43	0 57	41
18	0 59 34	13 16 10	2 14	1 42	0 57	41
19	0 59 36	13 30 40	0 39	1 41	0 58	41
20	0 59 38	13 45 22	1 04	1 41	0 58	41
21	0 59 40	13 59 45	2 46	1 40	0 59	41
22	0 59 41	14 13 02	4 17	1 40	0 59	41
23	0 59 43	14 24 11	5 30	1 39	1 00	41
24	0 59 45	14 31 58	6 22	1 38	1 00	41
25	0 59 46	14 35 09	6 50	1 38	1 00	41
26	0 59 48	14 32 49	6 54	1 37	1 01	41
27	0 59 50	14 24 37	6 34	1 37	1 01	41
28	0 59 52	14 10 54	5 50	1 36	1 02	41
29	0 59 54	13 52 39	4 46	1 36	1 02	41
30	0 59 56	13 31 28	3 25	1 35	1 02	41
31	0 59 58	13 09 08	1 54	1 35	1 03	41

NOVEMBER

D	☉	☽	☽Dec.	☿	♀	♂
	° ′ ″	° ′ ″	° ′	° ′	° ′	′
1	1 00 00	12 47 26	0 20	1 34	1 03	42
2	1 00 02	12 27 55	1 08	1 34	1 03	42
3	1 00 04	12 11 49	2 24	1 33	1 04	42
4	1 00 06	11 59 57	3 27	1 33	1 04	42
5	1 00 08	11 52 47	4 16	1 33	1 04	42
6	1 00 10	11 50 29	4 54	1 32	1 05	42
7	1 00 12	11 52 56	5 21	1 32	1 05	42
8	1 00 14	11 59 45	5 39	1 31	1 05	42
9	1 00 16	12 10 23	5 46	1 31	1 06	42
10	1 00 18	12 24 00	5 42	1 31	1 06	42
11	1 00 20	12 39 40	5 25	1 30	1 06	42
12	1 00 22	12 56 15	4 50	1 30	1 06	42
13	1 00 24	13 12 38	3 55	1 30	1 07	42
14	1 00 25	13 27 46	2 39	1 29	1 07	42
15	1 00 27	13 40 52	1 04	1 29	1 07	42
16	1 00 29	13 51 26	0 41	1 28	1 07	42
17	1 00 30	13 59 22	2 25	1 28	1 08	42
18	1 00 31	14 04 51	3 57	1 27	1 08	42
19	1 00 32	14 08 14	5 10	1 27	1 08	42
20	1 00 33	14 09 49	6 02	1 26	1 08	43
21	1 00 35	14 09 45	6 32	1 25	1 08	43
22	1 00 36	14 07 53	6 42	1 25	1 09	43
23	1 00 37	14 03 52	6 31	1 24	1 09	43
24	1 00 38	13 57 13	5 59	1 23	1 09	43
25	1 00 39	13 47 34	5 07	1 22	1 09	43
26	1 00 41	13 34 54	3 56	1 21	1 09	43
27	1 00 42	13 19 32	2 29	1 19	1 09	43
28	1 00 43	13 02 21	0 56	1 18	1 10	43
29	1 00 45	12 44 29	0 37	1 16	1 10	43
30	1 00 46	12 27 19	2 00	1 14	1 10	43

DECEMBER

D	☉	☽	☽Dec.	☿	♀	♂
	° ′ ″	° ′ ″	° ′	° ′	° ′	′
1	1 00 48	12 12 11	3 09	1 11	1 10	43
2	1 00 49	12 00 17	4 03	1 09	1 10	43
3	1 00 50	11 52 33	4 43	1 05	1 10	43
4	1 00 52	11 49 41	5 12	1 02	1 10	43
5	1 00 53	11 52 02	5 31	0 58	1 11	43
6	1 00 54	11 59 42	5 41	0 53	1 11	43
7	1 00 56	12 12 25	5 41	0 47	1 11	43
8	1 00 57	12 29 32	5 30	0 41	1 11	43
9	1 00 58	12 49 59	5 03	0 34	1 11	43
10	1 00 59	13 12 14	4 17	0 26	1 11	43
11	1 01 00	13 34 23	3 09	0 18	1 11	44
12	1 01 01	13 54 19	1 37	0 08	1 11	44
13	1 01 02	14 10 05	0 10	0 02	1 12	44
14	1 01 03	14 20 20	2 01	0 13	1 12	44
15	1 01 03	14 24 34	3 41	0 25	1 12	44
16	1 01 04	14 23 18	5 00	0 36	1 12	44
17	1 01 04	14 17 45	5 55	0 48	1 12	44
18	1 01 04	14 09 29	6 27	0 58	1 12	44
19	1 01 05	13 59 57	6 37	1 07	1 12	44
20	1 01 05	13 50 09	6 27	1 15	1 12	44
21	1 01 05	13 40 33	6 00	1 20	1 12	44
22	1 01 05	13 31 05	5 14	1 23	1 12	44
23	1 01 06	13 21 23	4 11	1 22	1 12	44
24	1 01 06	13 11 00	2 53	1 19	1 12	44
25	1 01 06	12 59 34	1 24	1 14	1 13	44
26	1 01 07	12 47 04	0 08	1 06	1 13	44
27	1 01 07	12 33 51	1 35	0 57	1 13	44
28	1 01 07	12 20 37	2 49	0 47	1 13	44
29	1 01 08	12 08 22	3 49	0 37	1 13	44
30	1 01 08	11 58 10	4 33	0 26	1 13	44
31	1 01 08	11 51 05	5 05	0 16	1 13	44

JANUARY

1	05 25	♀ ☌ ♇	
Su	08 00	☽ ∠ ♆	b
	10 09	☽ ⚺ ♂	g
	13 42	☽ △ ☉	G
	14 02	☉ Q ♆	
	14 36	☽ # ♄	B
	18 43	☽ ∥ ♅	B
	21 52	☽ ☌ ♅	B
2	00 09	☽ ∠ ♃	b
Mo	06 44	☿ ⚹ ♆	
	12 15	☽ □ ♄	B
	12 30	☽ △ ☿	G
	12 53	☽ ⚹ ♆	G
	16 00	☿ ⚺ ♄	
	16 59	☽ # ☿	G
	21 16	☽ ⚼ ☉	b
	22 16	☽ △ ♇	G
3	01 39	☽ # ♀	G
Tu	02 09	♀ ♒	
	02 44	☽ ♊	
	02 48	☽ △ ♀	G
	05 37	☽ ⚹ ♃	G
	10 27	☽ # ♇	D
	10 28	☽ # ☉	G
	11 08	☉ ∥ ♇	
	15 52	☽ ⚼ ☿	b
	19 47	☽ ☌ ♂	B
4	00 16	☽ ∥ ♂	B
We	03 53	☽ ⚼ ♇	b
	08 30	☽ ⚺ ♅	g
	09 08	♀ ⚹ ♃	
	11 49	☽ ⚼ ♀	b
	23 54	☽ △ ♄	G
5	00 08	☽ □ ♆	B
Th	03 47	☉ ± ♂	
	09 19	☿ Q ♃	
	14 15	☽ ♋	
	14 23	☽ ∠ ♅	b
	16 43	☉ △ ♅	
	17 50	☽ □ ♃	B
6	06 13	☽ ⚼ ♄	b
Fr	07 08	☽ ⚺ ♂	g
	07 56	♄ ⚺ ♆	
	20 30	☽ ⚹ ♅	G
	23 08	☽ ☍ ☉	B
7	01 36	☽ ☍ ☿	B
Sa	10 36	☿ ⊥ ♄	
	12 30	☽ △ ♆	G
	12 57	☉ ☌ ☿	
	13 10	☽ ∠ ♂	b
	16 42	☉ ⊥ ♄	
	22 23	☽ ☍ ♇	B
8	02 40	☽ ☊	
Su	07 00	☽ △ ♃	G
	07 14	☽ ∥ ♂	B
	16 52	☽ ☍ ♀	B
	18 52	☽ ⚼ ♆	b
	19 19	☽ ⚹ ♂	G
	21 14	☽ # ♇	D
	23 23	☿ △ ♅	
9	01 52	☽ # ☉	G
Mo	09 02	☽ □ ♅	B
	12 04	♀ ∠ ♆	
	13 41	☽ ⚼ ♃	b
	14 41	☿ ± ♂	
	15 22	♀ △ ♂	
	18 14	☽ # ♀	G
	18 53	☽ # ☿	G
10	01 52	☽ ☍ ♄	B
Tu	02 10	☿ ∥ ♀	
	11 28	☽ ⚼ ☿	b
	14 44	☽ ∥ ♅	B
	15 15	☽ ♍	
	20 32	☽ # ♄	B
11	01 30	☉ Q ♃	
We	02 28	☽ ⚼ ☉	b
	07 36	☽ □ ♂	B
	14 58	☽ △ ☿	G
	17 19	☽ ⚼ ♇	b
	21 17	☽ △ ♅	G
12	03 02	☿ ⚺ ♀	
Th	08 26	☿ Q ♆	
	11 07	☽ △ ☉	G
	13 21	☽ ☍ ♆	B
	20 56	♂ Stat	
	21 35	☽ ⚼ ♀	b
	23 06	☽ △ ♇	G
	23 21	☽ # ♆	D
13	02 54	☽ ⚼ ♅	b
Fr	02 56	☽ ♎	
	08 34	☽ ☍ ♃	B
	14 11	☉ ⚹ ♆	
	14 40	☉ ⚼ ♂	
	15 27	☽ ∥ ♃	G
	15 40	☽ # ♃	G
	18 46	☽ △ ♂	G
	19 59	☽ ⚼ ♄	b
	21 55	☽ □ ☿	B
14	05 58	☽ △ ♀	G
Sa	06 46	☉ ⚺ ♄	
	07 28	☽ ∥ ♆	D
	23 24	☽ ⚼ ♂	b
15	00 47	☽ △ ♄	G
Su	01 22	♀ □ ♅	
	02 10	☽ □ ☉	B
	02 26	☿ ⊥ ♀	
	06 57	☿ ∠ ♄	
	08 40	☽ □ ♇	B
	12 08	☽ ♏	
16	03 05	☽ ⚼ ♆	b
Mo	03 47	☽ ⚹ ☿	G
	05 50	☽ ∥ ♄	B
	11 48	☽ # ♅	B
	15 17	☽ ☍ ♅	B
	17 38	☽ ∥ ♀	G
	19 09	☽ □ ♀	B
	20 00	♀ ⊥ ♆	
	21 25	☽ ⚼ ♃	b
17	05 48	☽ △ ♆	G
Tu	05 54	☽ ∠ ☿	b
	06 42	☿ ⩢ ♂	
	07 27	☽ □ ♄	B
	08 02	☽ ∥ ☿	G
	11 26	☽ ∥ ☉	G
	12 36	☽ ⚹ ☉	G
	14 27	☽ ⚹ ♇	G
	17 33	☽ ♐	
	23 02	☽ ∥ ♇	D
	23 04	♀ ∠ ♃	
	23 41	☽ △ ♃	G
18	07 21	☽ ⚺ ☿	g
We	07 39	☽ ☍ ♂	B
	10 43	☽ # ♂	B
	13 13	☿ Stat	
	14 44	☉ ☌ ♇	
	15 51	☽ ∠ ♇	b
	15 56	☽ ∠ ☉	b
19	03 05	☽ ⚹ ♀	G
Th	07 21	☉ ∥ ☿	
	08 17	☽ □ ♆	B
	10 09	☽ ⚹ ♄	G
	16 24	☽ ⚺ ♇	g
	18 13	☽ ⚺ ☉	g
	19 06	☽ ⚼ ♅	b
	19 11	☽ ♑	
	22 26	♀ # ♅	
20	01 29	☽ □ ♃	B
Fr	05 27	☽ ∠ ♀	b
	08 29	☉ ♒	
	08 30	☽ ☌ ☿	G
	10 20	☽ ∠ ♄	b
	18 55	☽ △ ♅	G
21	01 06	☿ ⩢ ♂	
Sa	07 10	☽ ⚺ ♀	g
	08 01	☽ ⚹ ♆	G
	08 27	☽ ⚼ ♂	b
	10 04	☽ ⚺ ♄	g
	15 52	☽ ☌ ♇	D
	17 43	♀ ⚺ ♆	
	18 29	☽ ♒	
	20 53	☽ ☌ ☉	D
	21 53	☽ # ♂	B
22	01 09	☽ ⚹ ♃	G
Su	07 28	☽ ∠ ♆	b
	07 41	☿ ∠ ♀	
	08 02	☽ △ ♂	G
	08 36	☽ ⚺ ☿	g
	09 07	☽ ∥ ♇	D
	17 49	☽ □ ♅	B
	19 05	☽ ∥ ☿	G
	22 13	♀ ☌ ♄	
	23 01	♅ Stat	
23	00 53	☽ ∠ ♃	b
Mo	01 26	☽ ∥ ☉	G
	07 03	☽ ⚺ ♆	g
	08 58	☽ ∠ ☿	b
	09 24	☽ ☌ ♄	B
	10 19	☽ ☌ ♀	G
	15 02	☽ ⚺ ♇	g
	17 01	☽ # ♅	B
	17 36	☽ ♓	
	18 23	♀ ∥ ♄	
	23 09	☿ ∠ ♄	
	23 30	☽ ⚺ ☉	g
	23 31	☽ ∥ ♄	B
	23 52	☽ ∥ ♀	G
24	00 58	☽ ⚺ ♃	g
Tu	07 56	☽ □ ♂	B
	09 58	☽ ⚹ ☿	G
	15 14	☽ ∠ ♇	b
	17 43	☽ ⚹ ♅	G
25	01 30	☉ ⚹ ♃	
We	01 43	☽ ∠ ☉	b
	07 42	☽ ☌ ♆	D
	10 30	☽ ⚺ ♄	g
	15 44	☽ ⚺ ♀	g
	15 52	☽ ∥ ♆	D
	16 11	☽ ⚹ ♇	G
	18 42	☽ ∠ ♅	b
	18 48	☽ ♈	
	20 59	♀ ⚺ ♇	
26	02 15	☽ # ♃	G
Th	03 18	☽ ☌ ♃	G
	03 39	☿ Q ♆	
	04 59	☽ ⚹ ☉	G
	07 33	♀ ⊥ ♃	
	08 53	☽ ∥ ♃	G
	10 40	☽ ⚹ ♂	G
	12 20	☽ ∠ ♄	b
	15 08	☽ □ ☿	B
	19 24	☽ # ♆	D
	20 09	☽ ∠ ♀	b
	20 38	☽ ⚺ ♅	g
27	02 33	♀ ♓	
Fr	11 50	☽ ⚺ ♆	g
	13 34	☽ ∠ ♂	b
	15 13	☽ ⚹ ♄	G
	21 01	☽ □ ♇	B
	23 42	☽ ♉	
28	01 56	☽ ⚹ ♀	G
Sa	06 52	☽ # ♀	G
	09 39	☽ ⚺ ♃	g
	14 59	☽ # ♄	B
	15 19	☽ □ ☉	B
	15 27	☽ ∠ ♆	b
	17 03	☉ ∠ ♆	
	17 34	☽ ⚺ ♂	g
	23 26	☽ ∥ ♅	B
29	01 44	☽ △ ☿	G
Su	03 37	☽ ☌ ♅	B
	09 21	☽ # ☉	G
	11 36	♀ Q ♅	
	14 24	☽ ∠ ♃	b
	20 02	☽ ⚹ ♆	G
30	00 03	☽ □ ♄	B
Mo	01 45	☉ △ ♂	
	02 16	☿ △ ♅	
	05 52	☽ △ ♇	G
	06 27	☽ # ☿	G
	08 35	☽ ♊	
	09 04	☽ ⚼ ☿	b
	13 43	☽ # ♇	D
	17 24	☽ □ ♀	B
	19 47	♀ ⊥ ♇	
	20 01	☽ ⚹ ♃	G
31	04 27	☽ ☌ ♂	B
Tu	05 09	☿ ± ♂	
	05 22	☽ ∥ ♂	B
	06 24	☽ △ ☉	G
	11 28	☽ ⚼ ♇	b
	14 06	☽ ⚺ ♅	g
	23 14	♀ ⚺ ♃	

FEBRUARY

1	07 21	☽ □ ♆	B
We	11 58	☽ △ ♄	G
	15 07	☽ ⚼ ☉	b
	20 09	☽ ∠ ♅	b
	20 11	☽ ♋	
2	08 55	☽ □ ♃	B
Th	12 15	☽ △ ♀	G
	17 42	☽ ⚺ ♂	g
	18 30	☽ ⚼ ♄	b
3	02 27	☽ ⚹ ♅	G
Fr	12 09	☽ ☍ ☿	B
	20 02	☽ △ ♆	G
	20 19	☿ ⊥ ♄	
	22 07	☽ ⚼ ♀	b
4	00 38	☽ ∠ ♂	b
Sa	02 50	☉ □ ♅	
	06 19	☽ ☍ ♇	B
	08 48	☽ ☊	
	10 54	☽ ∥ ♂	B
	22 34	☽ △ ♃	G
5	02 26	☽ ⚼ ♆	b
Su	03 29	♀ □ ♂	
	04 09	☽ # ♇	D
	04 27	☉ # ♅	
	07 35	☽ ⚹ ♂	G
	11 24	☽ # ☿	G
	15 08	☽ □ ♅	B
	18 29	☽ ☍ ☉	B
6	05 18	☽ ⚼ ♃	b
Mo	14 15	☽ ☍ ♄	B
	18 26	☿ ⚹ ♆	
	20 01	☽ ∥ ♅	B
	20 33	☉ ⊥ ♆	
	21 14	☽ ♍	
	22 51	☽ # ☉	G
7	06 21	♀ ∠ ♇	
Tu	07 06	☽ # ♄	B
	17 12	☽ ⚼ ☿	b
	21 05	☽ □ ♂	B
8	00 57	☽ ⚼ ♇	b
We	01 07	☿ Q ♃	
	03 01	☽ ☍ ♀	B
	03 16	☽ △ ♅	G
	05 29	♀ ⚹ ♅	
	14 44	☽ # ♀	G
	20 40	☽ ☍ ♆	B
9	02 30	☽ △ ☿	G
Th	02 49	☿ ⚺ ♄	
	05 39	☽ # ♆	D
	06 40	☽ △ ♇	G
	08 47	☽ ♎	
	08 55	☽ ⚼ ♅	b
	12 05	☽ ∥ ♃	G
	13 23	☿ ⚼ ♂	
	20 07	☽ ⚼ ☉	b
10	00 02	☽ ☍ ♃	B
Fr	05 08	☽ # ♃	G
	08 06	☽ ⚼ ♄	b
	09 25	☽ △ ♂	G
	11 10	☽ ∥ ♆	D
	17 16	☿ ☌ ♇	
	20 55	☽ ∥ ♀	G
11	03 38	☽ △ ☉	G
Sa	11 22	☿ ♒	
	13 07	☽ △ ♄	G
	14 48	☽ ⚼ ♂	b
	16 41	☽ □ ♇	B
	18 34	☽ ♏	
	19 27	☽ □ ☿	B
12	03 48	☽ ⚼ ♀	b
Su	06 37	☽ ∥ ♄	B
	06 49	☉ ∠ ♃	
	07 13	☽ ∥ ☉	G
	11 20	☽ ⚼ ♆	b
	17 50	☽ # ♅	B
	18 15	☉ ∥ ♄	
	22 43	☽ ☍ ♅	B
	23 37	☉ ⚺ ♆	
13	10 16	☽ △ ♀	G
Mo	13 59	☽ ⚼ ♃	b
	14 49	☽ △ ♆	G
	16 01	☽ □ ☉	B
	16 24	☽ ∥ ☿	G
	20 53	☽ □ ♄	B
	23 52	☽ ⚹ ♇	G
14	01 31	☽ ♐	
Tu	04 43	☽ ∥ ♇	D
	08 39	☽ ⚹ ☿	G
	16 56	☽ △ ♃	G

	21 51	☽#♂	B
15 We	02 06	☽☍♂	B
	02 09	☽∠♇	b
	04 10	♂⚼♇	
	12 25	♀☌♆	
	12 57	♀∥♆	
	13 31	☽∠☿	b
	19 06	☽□♆	B
	19 43	☽□♀	B
16 Th	00 03	☽⚹☉	G
	01 06	☽⚹♄	G
	03 33	☽⊻♇	g
	05 00	☽♑	
	05 19	☽⚼♅	b
	16 48	☉☌♄	
	17 17	☽⊻☿	g
	18 40	♃⊥♅	
	20 11	☽□♃	B
17 Fr	01 54	♀#♃	
	01 58	☽∠♄	b
	02 34	☽∠☉	b
	05 55	☽△♅	G
	20 16	☽⚹♆	G
	20 47	☿∠♆	
18 Sa	01 06	☽⚹♀	G
	02 13	☿⚹♃	
	02 15	☽⊻♄	g
	03 23	☉⊻♇	
	04 18	☽☌♇	D
	04 22	☽⊻☉	g
	04 56	☽#♂	B
	05 35	☽♒	
	05 46	☽⚼♂	b
	14 51	♂⊻♅	
	16 32	♀⊻♄	
	20 07	☽∠♆	b
	20 51	☽⚹♃	G
	21 20	☽∥♇	D
	22 34	☉♓	
	22 35	☽☌☿	G
19 Su	02 56	☽∠♀	b
	05 42	☽□♅	B
	06 01	☽△♂	G
	16 07	☽∥☿	G
	17 05	♀⚹♇	
	19 48	☽⊻♆	g
	20 49	☽∠♃	b
20 Mo	02 00	☽☌♄	B
	03 40	☽#♅	B
	03 45	☽⊻♇	g
	04 40	☽⊻♀	g
	04 56	☽♓	
	07 06	☽☌☉	D
	07 56	♀♈	
	13 42	♀∠♅	
	14 49	☽∥♄	B
	20 57	☽⊻♃	g
21 Tu	00 26	☽∥☉	G
	03 24	☽⊻☿	g
	03 40	☽∠♇	b
	05 20	☽⚹♅	G
	06 44	☽□♂	B
	19 52	☽☌♆	D
	22 22	☿□♅	
22 We	02 35	☽⊻♄	g
	03 05	☽∥♆	D
	04 02	☽#♃	G
	04 05	☽⚹♇	G
	05 14	☽♈	
	05 47	☽∠♅	b
	06 01	☉Q♅	
	06 40	☽∠☿	b
	09 26	☽☌♀	G
	11 07	☽⊻☉	g
	14 07	☽#♀	G
	16 01	☽∥♀	G
	20 14	☿△♂	
	22 48	☽☌♃	G
23 Th	02 24	☽∥♃	G
	03 01	☽#♆	D
	03 52	☽∠♄	b
	07 01	☽⊻♅	g
	09 44	☽⚹♂	G
	11 03	☽⚹☿	G
	13 42	☉⊥♃	
	14 27	☽∠☉	b
	20 48	☿⊥♆	
	22 34	☽⊻♆	g
24 Fr	02 22	♀⊥♄	
	02 53	☽#☉	G
	06 06	☽⚹♄	G
	06 21	☉⊥♇	
	07 22	☽□♇	B
	08 29	☽♉	
	12 43	☽∠♂	b
	17 24	☽#♄	B
	18 12	☽⊻♀	g
	18 50	♀Q♂	
	18 56	♃#♆	
	19 02	☽⚹☉	G
25 Sa	01 23	☽∠♆	b
	04 19	☽⊻♃	g
	06 58	☽∥♅	B
	08 32	☽#☿	G
	12 24	☽☌♅	B
	16 51	☽⊻♂	g
26 Su	00 16	☽□☿	B
	00 38	☽∠♀	b
	00 48	☿#♅	
	05 15	☽⚹♆	G
	08 43	☽∠♃	b
	11 12	☿∠♀	
	13 45	☽□♄	B
	14 42	☽△♇	G
	15 48	☽♊	
	16 11	☉⊻♀	
	18 14	☽#♇	D
27 Mo	02 14	♃Q♇	
	08 06	☽□☉	B
	08 24	☽⚹♀	G
	14 08	☽⚹♃	G
	16 03	☿⊻♆	
	16 26	☽∥♂	B
	19 50	☽⚼♇	b
	21 51	☽⊻♅	g
28 Tu	01 42	♀⊥♅	
	04 21	☽☌♂	B
	08 04	♀#♆	
	15 46	☽□♆	B
	19 27	☽△☿	G
MARCH			
1 We	01 07	☽△♄	G
	02 39	☿∠♃	
	02 40	☽♋	
	03 44	☽∠♅	b
	04 24	♀∥♃	
	17 11	♀Q♇	
2 Th	01 10	☽△☉	G
	02 50	☽□♀	B
	03 04	☽□♃	B
	05 36	♀☌♃	
	06 33	☽⚼☿	b
	07 38	☽⚼♄	b
	10 03	☽⚹♅	G
	14 34	☿☌♄	
	16 21	☿⊻♇	
	18 39	☽⊻♂	g
	22 52	☿♓	
3 Fr	04 23	☽△♆	G
	05 40	☉⊻♃	
	10 20	☽⚼☉	b
	11 48	☽∥♂	B
	14 22	☽☍♇	B
	15 16	☽♌	
	22 26	♄⊻♇	
4 Sa	01 36	☿∥♄	
	02 07	☽∠♂	b
	06 00	♀∠♄	
	10 50	☽⚼♆	b
	12 04	☽#♇	D
	16 56	☽△♃	G
	22 28	☽△♀	G
	22 54	☽□♅	B
5 Su	01 57	☿Q♅	
	02 46	♀⊻♅	
	09 26	☽⚹♂	G
	11 14	☉∠♇	
	15 33	☉#♀	
	23 38	☽⚼♃	b
6 Mo	01 28	☽∥♅	B
	03 18	☽☍♄	B
	03 38	☽♍	
	04 55	☿⊥♇	
	07 55	☽⚼♀	b
	13 42	☉⚹♅	
	16 32	☽☍☿	B
	18 46	☽#♄	B
7 Tu	03 01	☿⊥♃	
	03 33	☽#☿	G
	08 42	☽⚼♇	b
	09 18	♂⊥♅	
	10 51	☽△♅	G
	12 40	☽☍☉	B
	13 35	♄♓	
	19 59	☽∥♀	G
	23 06	☽□♂	B
8 We	04 39	☽☍♆	B
	05 01	☽#☉	G
	07 50	☽∥♃	G
	12 54	☽#♆	D
	14 07	☽△♇	G
	14 44	☽♎	
	16 16	☽⚼♅	b
9 Th	14 43	☽∥♆	D
	14 51	☉#♃	
	17 27	☽☍♃	B
	19 53	☽∥☉	G
	20 10	☽⚼♄	b
	20 19	☽#♃	G
10 Fr	09 07	☽☍♀	B
	11 00	☽△♂	G
	11 13	☿#♀	
	12 37	☽∥☿	G
	12 58	☽#♀	G
	22 04	☿⊻♃	
	22 31	☽⚼☿	b
	23 36	☽□♇	B
11 Sa	00 06	☽♏	
	00 51	☽△♄	G
	06 06	☿∠♇	
	06 25	☽∥♄	B
	10 33	☽⚼☉	b
	15 05	♀⚹♂	
	16 10	☽⚼♂	b
	18 41	☽⚼♆	b
	21 04	☿⚹♅	
	23 32	☽#♅	B
12 Su	01 15	♂±♇	
	05 43	☽☍♅	B
	07 07	☽△☿	G
	16 32	☽△☉	G
	19 09	♀⊻♆	
	22 18	☽△♆	G
13 Mo	03 49	☉∥♆	
	06 46	☽⚼♃	b
	06 58	☽⚹♇	G
	07 21	☽♐	
	08 34	☽□♄	B
	08 36	☽∥♇	D
14 Tu	04 09	☽⚼♀	b
	07 00	☽#♂	B
	09 43	☽∠♇	b
	09 57	☽△♃	G
	18 35	☿⊥♀	
	20 54	☿#♃	
	21 38	☽□☿	B
	23 39	♂□♆	
15 We	02 08	☽□☉	B
	03 38	☽□♆	B
	03 45	☽☍♂	B
	08 50	☽△♀	G
	11 49	☽⊻♇	g
	12 06	☽♑	
	13 41	☽⚹♄	G
	13 54	☽⚼♅	b
	23 39	☉☌♆	
16 Th	14 17	☽□♃	B
	15 17	☽∠♄	b
	15 22	☽△♅	G
	17 13	☿☌♆	
	18 10	☉□♂	
	19 59	♀□♇	
	22 34	♀♉	
17 Fr	02 54	☿∥♆	
	04 48	☿□♂	
	06 27	☽⚹♆	G
	08 28	☽⚹☿	G
	08 37	☽⚹☉	G
	10 45	☉☌☿	
	10 58	☽#♂	B
	14 14	☽☌♇	D
	14 25	☽♒	
	15 50	☽□♀	B
	16 20	☽⊻♄	g
	22 16	♀⊥♆	
	22 25	♀⚹♄	
18 Sa	07 07	☽∠♆	b
	07 52	☽∥♇	D
	08 30	♀#♄	
	09 27	☽⚼♂	b
	10 59	☽∠☉	b
	12 49	☽∠☿	b
	16 27	☽⚹♃	G
	16 50	☽□♅	B
19 Su	03 24	☿⚹♇	
	04 24	☿♈	
	07 30	☽⊻♆	g
	10 33	☽△♂	G
	12 58	☽#♅	B
	13 02	☽⊻☉	g
	15 05	☽⊻♇	g
	15 12	☽♓	
	16 52	☽⊻☿	g
	17 07	☽∠♃	b
	17 28	☽☌♄	B
	19 15	☿∠♅	
	20 54	☽⚹♀	G
	21 30	☿⊻♄	
	22 06	♃⊻♅	
20 Mo	02 16	☽#♀	G
	02 56	☉∥☿	
	05 39	☽∥♄	B
	14 03	☉#☿	
	15 24	☽∠♇	b
	17 33	☽⚹♅	G
	17 49	☽⊻♃	g
	20 12	☉⚹♇	
	21 24	☉♈	
	23 24	☽∠♀	b
21 Tu	06 01	☽#♃	G
	08 20	☽☌♆	D
	09 26	♃∠♄	
	12 55	☽□♂	B
	15 10	☽∥♆	D
	15 58	☽⚹♇	G
	16 01	☽♈	
	17 23	☽☌☉	D
	18 12	☽∠♅	b
	18 42	☽⊻♄	g
	20 53	☽#☿	G
	23 59	☽#☉	G
22 We	01 34	☽☌☿	G
	02 17	☽⊻♀	g
	03 17	☽∥☉	G
	05 44	☉∠♅	
	07 42	☽∥☿	G
	11 56	☽#♆	D
	13 14	☿⊻♀	
	15 00	☉⊻♄	
	19 19	☽⊻♅	g
	19 58	☽∠♄	b
	20 17	☽☌♃	G
	21 55	☽∥♃	G
23 Th	01 25	☿⊥♄	
	10 44	☽⊻♆	g
	12 13	♇♒	
	13 26	☿#♆	
	16 18	♂Q♃	
	17 13	☽⚹♂	G
	18 42	☽□♇	B
	18 42	☽♉	
	21 57	☽⚹♄	G
	22 26	☽#♄	B
24 Fr	00 05	☽⊻☉	g
	09 08	☿⊥♅	
	10 31	☽☌♀	G
	10 58	☽∥♀	G
	13 04	☽∠♆	b
	13 45	☽⊻☿	g
	17 24	☽∥♅	B
	20 41	☽∠♂	b
	23 52	☽☌♅	B
25 Sa	01 40	☽⊻♃	g
	04 09	☿Q♇	

	04 58	☽∠☉	b
	11 45	♂♋	
	13 34	♂⚼♇	
	16 10	♀∠♆	
	16 19	☽⚹♆	G
	21 56	☽∠☿	b
26	00 41	☽♊	
Su	00 46	☽△♇	G
	01 12	☽⚺♂	g
	01 28	☽⋕♇	D
	04 38	☽□♄	B
	05 49	☽∠♃	b
	11 03	☽⚹☉	G
	20 51	☿∥♃	
	23 25	☽⚺♀	g
	23 30	☉⊥♀	
27	00 50	☽∥♂	B
Mo	05 14	☽⚻♇	b
	07 39	☽⚹☿	G
	08 08	☽⚺♅	g
	10 45	☿⚺♅	
	10 57	☽⚹♃	G
	19 19	☿∠♄	
	22 24	♀∥♅	
28	01 39	☽□♆	B
Tu	02 10	☉⋕♆	
	06 50	☿☌♃	
	07 41	☽∠♀	b
	10 22	☽♋	
	13 19	☽☌♂	B
	13 35	☽∠♅	b
	15 03	☽△♄	G
	20 41	♂∠♅	
	23 12	♀Q♄	
29	01 26	☿Q♂	
We	02 32	☽□☉	B
	10 04	☉⊥♄	
	16 50	☽⚹♀	G
	19 40	☽⚹♅	G
	21 18	☽⚻♄	b
	23 35	☽□♃	B
30	06 30	☽□☿	B
Th	13 45	☽△♆	G
	19 03	♂△♄	
	20 04	☽∥♂	B
	22 26	♀☌♅	
	22 31	☽♌	
	22 46	☽☍♇	B
31	04 10	☽⚺♂	g
Fr	18 41	☉⊥♅	
	20 11	☽⚻♆	b
	20 29	☽△☉	G
	20 34	☽⋕♇	D

APRIL

1	05 39	☿⚺♆	
Sa	06 44	♀∠♂	
	08 30	☽□♅	B
	11 47	☽∠♂	b
	12 06	☽□♀	B
	13 25	☽△♃	G
	21 19	☽∥♀	G
2	03 57	☉Q♇	
Su	04 18	♀⚺♃	
	05 23	☽⚻☉	b
	05 47	☿⋕♄	
	06 03	☽△☿	G
	07 26	☽∥♅	B
	10 57	☽♍	
	16 44	☽☍♄	B
	19 08	☽⚹♂	G
	20 03	☽⚻♃	b
3	03 39	☽∥☿	G
Mo	07 12	☽⋕♄	B
	16 22	☿♉	
	16 43	☽⚻☿	b
	17 01	☽⚻♇	b
	18 55	☿□♇	
	20 28	☽△♅	G
4	04 43	☽∥♃	G
Tu	06 04	☽△♀	G
	09 30	☽∥☉	G
	13 50	☽☍♆	B
	19 41	☿⊥♆	
	21 45	☽⋕♆	D
	21 51	☽♎	
	22 13	☽△♇	G
5	01 42	☽⚻♅	b
We	08 12	☽□♂	B
	13 59	☽⚻♀	b
	16 21	☿⚹♄	
	19 54	☽∥♆	D
6	04 34	☽☍☉	B
Th	08 37	☽⚻♄	b
	11 04	☽⋕☉	G
	12 43	☽☍♃	B
	13 22	☽⋕♃	G
7	04 42	☉⚺♅	
Fr	06 29	☽♏	
	06 54	☽□♇	B
	08 11	☽∥♄	B
	12 44	☽△♄	G
	17 53	☽☍☿	B
	17 58	♀⚹♆	
	18 42	☽△♂	G
8	02 39	☽⚻♆	b
Sa	03 17	☽⋕☿	G
	06 29	☿⚹♂	
	06 56	☽⋕♅	B
	09 31	☉∥♃	
	13 56	☽☍♅	B
	14 09	♀⊥♃	
	14 20	☉∠♄	
	23 03	☽⚻♂	b
9	04 55	☽⋕♀	G
Su	05 50	☽△♆	G
	09 09	☽☍♀	B
	12 57	☽♐	
	13 23	☽⚹♇	G
	13 24	☽∥♇	D
	14 39	☿∥♅	
	19 21	☽□♄	B
	21 24	☽⚻☉	b
10	00 07	☽⚻♃	b
Mo	07 53	☽⋕♂	B
	15 54	☽∠♇	b
11	01 48	☽△☉	G
Tu	02 55	☽△♃	G
	04 47	♀♊	
	09 51	☽⚻☿	b
	10 14	♀△♇	
	10 48	☽□♆	B
	17 33	☽♑	
	18 01	☽⚺♇	g
	21 37	☽⚻♅	b
	22 07	☉☌♃	
	23 27	☿∠♆	
12	00 08	☽⚹♄	G
We	09 03	☽☍♂	B
	13 35	☽△☿	G
	22 45	☽⚻♀	b
	23 24	☽△♅	G
13	01 57	☽∠♄	b
Th	07 20	☽□♃	B
	09 11	☽□☉	B
	14 14	☽⚹♆	G
	20 42	☽♒	
	21 11	☽☌♇	D
	22 53	☽⋕♂	B
14	02 23	☽△♀	G
Fr	03 28	☽⚺♄	g
	03 49	♀⋕♇	
	14 33	☽⋕♀	G
	15 15	☽∥♇	D
	15 32	☽∠♆	b
	16 38	♀□♄	
	19 16	☽□☿	B
	22 42	♀⊥♂	
15	02 08	☽□♅	B
Sa	10 03	☽⋕☿	G
	10 36	☽⚹♃	G
	15 16	☽⚹☉	G
	15 49	☽⚻♂	b
	16 41	☽⚺♆	g
	19 15	☽⋕♅	B
	22 57	☽♓	
	23 27	☽⚺♇	g
16	05 58	☽☌♄	B
Su	08 58	☽□♀	B
	12 04	☽∠♃	b
	12 43	☉⚺♆	
	17 44	☽∥♄	B
	17 49	☽△♂	G
	18 07	☽∠☉	b
	21 24	☽⋕☉	G
	23 24	☽⚹☿	G
17	00 30	☽∠♇	b
Mo	04 25	☽⚹♅	G
	06 01	☽⋕♃	G
	13 35	☽⚺♃	g
	18 57	☽☌♆	D
	21 06	☽⚺☉	g
18	01 09	☽♈	
Tu	01 17	☽∠☿	b
	01 41	☽⚹♇	G
	01 46	☽∥♆	D
	05 43	☽∠♅	b
	08 34	☽⚺♄	g
	08 46	♀∠♃	
	09 17	♀Q♆	
	15 46	☽⚹♀	G
	20 05	☽⋕♆	D
	22 16	☽□♂	B
19	03 15	☽⚺☿	g
We	07 20	☽⚺♅	g
	09 50	☉⋕♄	
	10 17	☽∠♄	b
	17 03	☽∥♃	G
	17 27	☽☌♃	G
	19 47	☽∠♀	b
	22 12	☽⚺♆	g
20	04 12	☽☌☉	D
Th	04 30	☽⋕♄	B
	04 30	☽♉	
	05 04	☽□♇	B
	05 44	☽∥☉	G
	08 14	☉♉	
	12 30	☽⚹♄	G
	16 27	☉□♇	
21	00 29	☽⚺♀	g
Fr	00 36	☽∠♆	b
	04 36	☽⚹♂	G
	04 54	☽∥♅	B
	08 05	☽☌☿	G
	08 35	☿Stat	
	12 09	☽☌♅	B
	16 10	☽∥☿	G
	23 32	☽⚺♃	g
22	03 41	☽⚹♆	G
Sa	08 54	☽∠♂	b
	10 11	☽♊	
	10 41	☽⋕♇	D
	10 49	☽△♇	G
	14 14	☽⚺☉	g
	19 00	☽□♄	B
	19 01	♀∥♂	
	21 11	☉⊥♆	
23	00 17	☽∥♂	B
Su	00 44	☽∥♀	G
	02 44	☉Q♂	
	03 45	☽∠♃	b
	12 43	☽☌♀	G
	14 06	☽⚺♂	g
	14 50	☽⚻♇	b
	14 54	☽⚺☿	g
	19 54	☽⚺♅	g
	20 42	☽∠☉	b
24	03 19	☿⚹♂	
Mo	08 49	☽⚹♃	G
	09 04	☿⚺♀	
	12 15	☽□♆	B
	12 23	♀⚻♇	
	16 50	♀⚺♂	
	18 58	☽♋	
	19 07	☽∠☿	b
25	00 59	☽∠♅	b
Tu	04 11	☽⚹☉	G
	04 40	☽△♄	G
	10 48	☉⚹♄	
	23 47	☽⚹☿	G
26	03 08	☽☌♂	B
We	05 00	☽⚺♀	g
	06 45	☽⚹♅	G
	10 33	☽⚻♄	b
	21 09	☽□♃	B
	23 41	☽△♆	G
27	00 35	♀⚺♅	
Th	06 30	☽♌	
	07 13	☽☍♇	B
	07 14	☽∥♀	G
	14 14	☽∠♀	b
	16 43	☽∥♂	B
	21 20	☽□☉	B
28	04 40	☽⋕♇	D
Fr	05 59	☿⊥♀	
	06 00	☽⚻♆	b
	09 44	☽□☿	B
	18 22	☽⚺♂	g
	19 26	☽□♅	B
	23 42	☽⚹♀	G
29	10 53	☽△♃	G
Sa	13 07	☿∥♅	
	13 26	☽∥♅	B
	13 28	☽∥☿	G
	18 59	☽♍	
	20 05	♂⚹♅	
30	01 19	☽∥☉	G
Su	01 59	☽∠♂	b
	05 41	☽☍♄	B
	14 59	☽△☉	G
	17 28	☽⚻♃	b
	19 05	☽△☿	G
	19 12	☽⋕♄	B

MAY

1	01 34	☽⚻♇	b
Mo	02 39	☽∥♃	G
	07 38	☽△♅	G
	08 07	☿∠♆	
	09 08	☽⚹♂	G
	17 11	♇Stat	
	17 31	☽□♀	B
	23 01	☽⚻☉	b
	23 04	☽⚻☿	b
	23 28	☉☌☿	
	23 53	☽☍♆	B
2	06 09	☽♎	
Tu	06 51	☽△♇	G
	07 34	☽⋕♆	D
	10 24	☉∠♆	
	12 17	♀±♇	
	12 55	☽⚻♅	b
	15 39	♀⊥♅	
	20 17	☉∥☿	
	22 03	♃⚺♆	
3	02 51	☽∥♆	D
We	10 22	☿∠♀	
	21 10	☽□♂	B
	21 13	☽⚻♄	b
	22 19	♂⚻♄	
4	07 37	☽⋕♃	G
Th	07 54	☽△♀	G
	09 17	☽☍♃	B
	13 02	☽∥♄	B
	14 32	☽♏	
	15 12	☽□♇	B
	17 40	♀□♆	
5	00 53	☽△♄	G
Fr	04 01	☿Q♂	
	04 03	♀⚹♃	
	04 27	☽⋕☿	G
	07 15	☽☍☿	B
	12 00	☽⚻♆	b
	12 54	☽⋕☉	G
	13 37	☽⚻♀	b
	16 39	☽⋕♅	B
	17 34	☽☍☉	B
6	00 13	☽☍♅	B
Sa	05 51	☽△♂	G
	14 38	☽△♆	G
	20 04	☽♐	
	20 41	☽⚹♇	G
	20 48	☽∥♇	D
7	01 20	☽⋕♂	B
Su	06 12	☽□♄	B
	09 08	☽⚻♂	b
	14 25	♀♋	
	18 26	☽⚻♃	b
	22 10	♀⚼♇	
	22 20	☽⋕♀	G
	22 36	☽∠♇	b
8	10 48	☽⚻☿	b
Mo	15 15	☉∥♅	
	18 22	☽□♆	B
	18 58	☉Q♄	

	20 28	☽△♃	G
	23 33	☽♑	
9 Tu	00 09	☽⊻♇	g
	02 20	☽☍♀	B
	05 12	☽⚼☉	b
	06 09	☽⚼♅	b
	09 39	☽✱♄	G
	11 28	☽△☿	G
	19 56	☉☌♅	
10 We	07 32	☽△♅	G
	08 20	☽△☉	G
	11 01	☽∠♄	b
	16 38	☽☍♂	B
	19 08	☽#♀	G
	21 03	☽✱♆	G
	23 52	☽□♃	B
11 Th	02 05	☽♒	
	02 40	☽☌♇	D
	06 42	♀∠♅	
	12 20	☽⊻♄	g
	12 45	☽□☿	B
	18 55	☽#♂	B
	20 12	☽∥♇	D
	22 19	☽∠♆	b
12 Fr	08 42	☿✱♄	
	10 12	☽□♅	B
	12 21	☽⚼♀	b
	14 28	☽□☉	B
	18 21	☽#☉	G
	22 54	☽#♅	B
	23 40	☽⊻♆	g
13 Sa	02 44	☿✱♀	
	03 15	☽✱♃	G
	04 39	☽♓	
	05 13	☽⊻♇	g
	06 57	♀△♄	
	14 43	☽✱☿	G
	15 12	☽☌♄	B
	15 39	♂#♇	
	15 50	☽△♀	G
	23 43	☽⚼♂	b
	23 52	☽#☿	G
14 Su	02 16	☽∥♄	B
	03 28	☽#♃	G
	05 11	☽∠♃	b
	06 43	☽∠♇	b
	13 22	☽✱♅	G
	16 12	☽∠☿	b
	21 17	☽✱☉	G
15 Mo	02 30	☽△♂	G
	02 56	☽☌♆	D
	03 17	☿ Stat	
	07 22	☽⊻♃	g
	07 56	☽♈	
	08 29	☽✱♇	G
	09 36	☽∥♆	D
	13 36	♄⊥♇	
	13 44	♂△♆	
	15 19	☽∠♅	b
	18 05	☽⊻☿	g
	18 54	☽⊻♄	g
	23 41	☽□♀	B
16 Tu	01 10	☽∠☉	b
	02 11	☽#♆	D
	17 20	♃♉	
	17 36	☽⊻♅	g
	21 13	☽∠♄	b
17 We	05 30	☽⊻☉	g
	07 25	☽⊻♆	g

	09 02	♃#♄	
	09 10	☽□♂	B
	10 00	☽#♄	B
	10 01	☽∥♃	G
	10 43	☽∥☿	G
	12 28	☽♉	
	12 47	☽☌♃	G
	13 00	☽□♇	B
	23 27	☽☌☿	G
	23 57	☽✱♄	G
18 Th	01 11	♃□♇	
	09 00	☉✱♆	
	09 18	☽✱♀	G
	10 17	☽∠♆	b
	15 21	☽∥♅	B
	20 46	☿∥♃	
	23 28	☽☌♅	B
19 Fr	03 22	☽∥☉	G
	06 37	♀Q♃	
	06 40	☿✱♄	
	13 39	☽✱♆	G
	15 01	☽∠♀	b
	15 17	☽∥♂	B
	15 53	☽☌☉	D
	17 51	☽✱♂	G
	18 48	☽♊	
	19 20	☽△♇	G
	19 57	☽#♇	D
	20 06	☽⊻♃	g
20 Sa	06 58	☽□♄	B
	07 33	☽⊻☿	g
	15 31	♂♌	
	17 37	☽∥♀	G
	21 28	☽⊻♀	g
	23 10	☽∠♂	b
	23 21	☽⚼♇	b
21 Su	00 40	☽∠♃	b
	03 12	♂☍♇	
	07 09	☉♊	
	07 32	☽⊻♅	g
	12 52	☽∠☿	b
	13 58	☉△♇	
	17 26	♂±♄	
	22 12	☽□♆	B
22 Mo	03 28	☽♋	
	05 11	☽⊻☉	g
	05 12	☽⊻♂	g
	05 54	☽✱♃	G
	05 57	☉✱♂	
	12 31	☽∠♅	b
	16 24	☽△♄	G
	16 55	☉⊻♃	
	19 07	☽✱☿	G
23 Tu	05 13	♂□♃	
	12 45	☽☌♀	G
	13 01	☽∠☉	b
	16 20	♂Q♅	
	18 04	☿∥♃	
	18 07	☽✱♅	G
	22 02	☽⚼♄	b
24 We	09 12	☽△♆	G
	14 35	☽♌	
	15 04	☽☍♇	B
	17 02	☽∥♀	G
	18 13	☽□♃	B
	19 21	☽☌♂	B
	21 31	☽✱☉	G
25 Th	09 05	☉∠♀	
	10 11	☽□☿	B

	11 28	☽#♇	D
	15 23	☽⚼♆	b
	17 31	☉∥♂	
	21 54	☽∥☉	G
	22 17	☽∥♂	B
26 Fr	06 33	☽⊻♀	g
	06 38	☽□♅	B
	07 37	♀✱♅	
	18 47	☽∥♅	B
27 Sa	03 05	☽♍	
	07 53	☽△♃	G
	10 57	☽⊻♂	g
	15 22	☽□☉	B
	15 39	☽∠♀	b
	16 53	☽☍♄	B
	21 58	☽∥☿	G
28 Su	00 53	☽∥♃	G
	03 07	☽△☿	G
	05 14	☽#♄	B
	06 37	♀⚼♄	
	09 37	☽⚼♇	b
	10 46	☉□♄	
	14 30	☽⚼♃	b
	14 40	☿∠♆	
	18 29	☽∠♂	b
	19 12	☽△♅	G
29 Mo	00 19	☽✱♀	G
	09 46	☽☍♆	B
	11 20	☽⚼☿	b
	14 51	☽♎	
	15 13	☽△♇	G
	16 58	☽#♆	D
30 Tu	00 45	☽⚼♅	b
	01 21	☽✱♂	G
	07 39	☽△☉	G
	10 34	☽∥♆	D
	19 28	☉⊥♃	
31 We	02 47	☉Q♆	
	08 51	☽⚼♄	b
	14 19	☽⚼☉	b
	14 53	☽□♀	B
	20 23	☽∥♄	B
	23 45	☽♏	

JUNE

1 Th	00 02	☽□♇	B
	01 43	☽#♃	G
	06 04	☽☍♃	B
	06 04	♃⊥♆	
	09 40	☽#☿	G
	12 11	☽□♂	B
	12 30	☽△♄	G
	19 31	♂∇♄	
	22 19	☽⚼♆	b
2 Fr	03 46	☽#♅	B
	06 53	☽☍☿	B
	12 10	☽☍♅	B
	14 59	☽#♂	B
	22 42	♀△♆	
3 Sa	00 42	☽△♆	G
	00 51	☽△♀	G
	04 20	☽#☉	G
	05 03	☽♐	
	05 16	☽✱♇	G
	06 32	☽∥♇	D
	09 22	☽#♀	G
	17 07	☽□♄	B
	18 04	☿Q♄	
	18 59	☽△♂	G

4 Su	03 42	☽☍☉	B
	04 19	☽⚼♀	b
	06 44	☽∠♇	b
	13 31	☽⚼♃	b
	19 49	☿☌♅	
	21 14	☽⚼♂	b
5 Mo	03 24	☽□♆	B
	07 31	☽♑	
	07 40	☽⊻♇	g
	08 09	♀#♇	
	13 46	♀♌	
	14 44	☽△♃	G
	16 05	♀☍♇	
	16 30	☽⚼♅	b
	17 03	☉∥♀	
	18 28	☽⚼☿	b
	19 12	☽✱♄	G
6 Tu	00 28	☉⚼♇	
	15 14	☉#♇	
	17 10	☽△♅	G
	17 58	♀±♄	
	19 47	☽∠♄	b
	21 34	☽△☿	G
7 We	04 40	☽✱♆	G
	08 42	☽♒	
	08 48	☽☌♇	D
	11 06	☽⚼☉	b
	11 39	☽☍♀	B
	16 34	☽□♃	B
	20 23	☽⊻♄	g
8 Th	00 14	☽#☉	G
	00 58	☽∥♇	D
	02 11	☽☍♂	B
	05 04	☽#♀	G
	05 17	☽∠♆	b
	08 11	♀Q♅	
	13 29	☽△☉	G
	18 37	☽□♅	B
	20 52	☽#♂	B
9 Fr	02 12	☽#♅	B
	04 24	☽□☿	B
	05 02	☽#☿	G
	06 10	☽⊻♆	g
	10 14	☽♓	
	10 17	☽⊻♇	g
	19 02	☽✱♃	G
	21 14	☿✱♆	
	22 16	☽☌♄	B
10 Sa	00 36	☽#♃	G
	08 09	☽∥♄	B
	11 34	☽∠♇	b
	13 23	☿∥♅	
	19 31	☽□☉	B
	19 53	☽⚼♀	b
	20 53	☽∠♃	b
	21 21	☽✱♅	G
11 Su	08 52	♂⚼♆	
	09 09	☽☌♆	D
	09 10	☽⚼♂	b
	09 47	♇♑	
	10 26	☿△♇	
	10 27	☿♊	
	13 20	☽✱♇	G
	13 20	☽♈	
	13 43	☽✱☿	G
	15 13	☽∥♆	D
	15 39	♀□♃	
	20 18	☿∥♂	
	20 28	☉∠♃	

	23 16	☽⊻♃	g
	23 26	☽∠♅	b
	23 37	☉⊻♅	
	23 40	☽△♀	G
12 Mo	00 57	☿Q♂	
	01 53	☽⊻♄	g
	06 43	☽#♆	D
	12 35	☽△♂	G
	19 41	☽∠☿	b
13 Tu	02 04	☽⊻♅	g
	03 59	☽✱☉	G
	04 29	☽∠♄	b
	09 59	♀∇♄	
	14 12	☽⊻♆	g
	14 51	☽#♄	B
	18 27	☽□♇	B
	18 31	☽♉	
	21 09	☉∠♀	
	23 58	☽∥♃	G
14 We	02 35	☽⊻☿	g
	05 40	☽☌♃	G
	07 36	☽✱♄	G
	09 08	☽□♀	B
	09 13	☽∠☉	b
	17 30	☽∠♆	b
	21 15	☽□♂	B
	23 34	☽∥♅	B
	23 37	☽∥♂	B
15 Th	01 09	♂∥♅	
	04 24	☿⊻♃	
	06 30	☉±♇	
	07 41	☿∥♀	
	08 55	☽☌♅	B
	11 05	☽∥♀	G
	11 45	☽∥☿	G
	15 04	☽⊻☉	g
	16 09	☿□♄	
	21 19	☽✱♆	G
16 Fr	01 36	☽△♇	G
	01 46	☽♊	
	03 44	☽#♇	D
	07 54	☽∥☉	G
	14 12	☽⊻♃	g
	15 20	☽□♄	B
	19 12	☽☌☿	G
	20 57	☽✱♀	G
17 Sa	00 06	☿Q♆	
	05 55	☽⚼♇	b
	08 14	☽✱♂	G
	15 29	☿✱♀	
	17 29	♄ Stat	
	17 45	☽⊻♅	g
	19 13	☽∠♃	b
18 Su	03 43	☽∠♀	b
	04 37	☽☌☉	D
	06 24	☽□♆	B
	10 58	☽♋	
	14 34	☽∠♂	b
	14 45	☉⊥♅	
	19 21	☿⊥♃	
	22 55	☽∠♅	b
19 Mo	00 45	☽✱♃	G
	01 00	☽△♄	G
	03 54	☉□♆	
	11 02	☽⊻♀	g
	15 41	☽⊻☿	g
	15 53	♃✱♄	
	17 38	☿⚼♇	
	20 36	♀⚼♆	

	21 28	☽⊻♂	g
20	04 33	☽⚹♅	G
Tu	06 32	☽⚼♄	b
	17 24	☽△♆	G
	20 37	☽⊻☉	g
	21 43	☽☍♇	B
	22 04	☽♌	
21	03 22	☽∠☿	b
We	10 20	☉⚻♇	
	11 51	☽∥☉	G
	13 15	☽□♃	B
	14 58	☉♋	
	15 23	☿⚹♂	
	16 50	☽#♇	D
	17 12	☽∥☿	G
	20 45	☿#♇	
	23 31	☽⚼♆	b
22	03 08	☽☌♀	G
Th	05 23	☽∠☉	b
	09 09	♀∥♅	
	12 41	☽☌♂	B
	15 51	☽⚹☿	G
	17 01	☽□♅	B
	22 37	☿⊻♅	
	23 19	☽∥♅	B
23	00 28	☽∥♀	G
Fr	08 14	☽∥♂	B
	10 35	☽♍	
	14 24	☽⚹☉	G
	17 28	☿∠♃	
	22 12	☉∥☿	
	23 14	☽∥♃	G
24	01 07	☽☍♄	B
Sa	02 26	☿±♇	
	02 53	☽△♃	G
	12 11	☽#♄	B
	16 25	☽⚼♇	b
	19 59	☽⊻♀	g
25	04 33	☽⊻♂	g
Su	05 53	☽△♅	G
	09 34	☽⚼♃	b
	17 25	☽□☿	B
	18 20	☽☍♆	B
	20 16	☿⊥♅	
	22 24	☽△♇	G
	22 36	☿□♆	
	22 57	☽♎	
26	00 44	☽#♆	D
Mo	03 53	☽∠♀	b
	07 50	☽□☉	B
	09 23	♂□♅	
	11 48	☽⚼♅	b
	11 55	☽∠♂	b
	16 48	♂±♆	
	17 57	☽∥♆	D
	21 07	☿⚻♇	
27	00 24	☿♋	
Tu	10 56	☽⚹♀	G
	18 03	☽⚼♄	b
	18 26	☽⚹♂	G
28	05 00	☽∥♄	B
We	08 19	☽□♇	B
	08 55	☽♏	
	12 52	☉∠♅	
	15 32	☽△☿	G
	17 57	☽#♃	G
	21 49	☽△☉	G
	22 07	☽△♄	G
29	01 01	☽#♂	B

Th	01 29	☽☍♃	B
	01 43	☉△♄	
	02 25	☿∠♀	
	03 51	☽#♀	G
	08 18	☽⚼♆	b
	14 33	☽#♅	B
	21 32	☽□♀	B
30	00 06	☽⚼☿	b
Fr	00 22	☽☍♅	B
	01 47	☿∠♅	
	02 56	☽⚼☉	b
	04 05	☽□♂	B
	06 24	☿△♄	
	10 58	☽△♆	G
	14 20	☽⚹♇	G
	14 59	☽♐	
	16 58	☽∥♇	D
	19 01	☽#☉	G
	21 07	♆Stat	

JULY

1	03 08	☽□♄	B
Sa	03 17	☽#☿	G
	05 06	☉☌☿	
	07 10	☿⚹♃	
	08 50	☿∠♂	
	10 26	☉⚹♃	
	15 53	☽∠♇	b
	21 53	☉∠♂	
2	03 21	☽△♀	G
Su	08 21	☽⚼♃	b
	09 19	☽△♂	G
	11 10	♀±♆	
	13 33	☽□♆	B
	14 33	♀□♅	
	16 39	☽⊻♇	g
	17 20	☽♑	
3	04 22	☽⚼♅	b
Mo	04 43	☽⚹♄	G
	04 54	☽⚼♀	b
	09 02	☽△♃	G
	10 43	☽⚼♂	b
	11 39	☽☍☉	B
	16 50	☽☍☿	B
4	04 30	☽△♅	G
Tu	04 44	☽∠♄	b
	13 49	☽⚹♆	G
	16 45	☽☌♇	D
	17 30	☽♒	
	19 22	☉#♇	
	20 26	♀∥♂	
	21 28	☿⊥♀	
	23 06	♀∥♃	
5	00 10	♂∥♃	
We	01 09	☽#☿	G
	04 35	☽⊻♄	g
	07 36	☽∥♇	D
	07 53	☽#☉	G
	09 28	☽□♃	B
	13 42	☽∠♆	b
6	04 30	☽□♅	B
Th	07 35	☽#♅	B
	07 37	☽☍♀	B
	13 42	☽☍♂	B
	13 47	☽⊻♆	g
	15 48	♂⚻♆	
	16 31	☽⚼☉	b
	16 43	☽⊻♇	g
	17 32	☽♓	

7	00 40	☽#♃	G
Fr	02 51	☽#♂	B
	03 48	☽#♀	G
	04 14	☿⚼♄	
	04 47	☽☌♄	B
	04 53	☽⚼☿	b
	04 54	☿⚹♅	
	05 41	☿⊥♂	
	09 28	☿Q♃	
	10 28	☽⚹♃	G
	13 22	☽∥♄	B
	17 14	☽∠♇	b
	18 48	☽△☉	G
8	05 48	☽⚹♅	G
Sa	09 55	☽△☿	G
	11 44	☽∠♃	b
	15 21	☽☌♆	D
	16 45	☿⊻♀	
	18 22	☽⚹♇	G
	19 19	☽♈	
	19 38	☿#♇	
	20 28	☽∥♆	D
9	07 02	☽⊻♄	g
Su	07 24	☽∠♅	b
	11 36	☽#♆	D
	12 54	♂⚻♇	
	13 15	☽⚼♀	b
	13 44	☽⊻♃	g
	20 34	☽⚼♂	b
	23 57	☿△♆	
10	01 48	☽□☉	B
Mo	09 14	☽∠♄	b
	09 45	☽⊻♅	g
	11 40	♂♍	
	12 38	☉∥☿	
	16 34	☽△♀	G
	19 43	☽⊻♆	g
	20 29	☽#♄	B
	20 48	☿☍♇	
	22 50	☽□♇	B
	23 11	☽□☿	B
	23 55	☽♉	
11	00 31	☽△♂	G
Tu	01 37	☽∥♀	G
	03 57	☽∥♂	B
	04 11	☿♌	
	11 07	☽∥♃	G
	11 36	☿⊻♂	
	12 11	☽⚹♄	G
	13 24	☿±♄	
	20 04	☽☌♃	G
	23 01	☽∠♆	b
12	05 45	☽∥♅	B
We	12 30	☽⚹☉	G
	16 42	☽☌♅	B
	22 48	☽∥☿	G
13	01 24	☽□♀	B
Th	02 59	☽⚹♆	G
	03 06	☽∥☉	G
	06 11	☽△♇	G
	07 26	☽♊	
	08 13	☿Q♅	
	09 43	☽#♇	D
	10 51	☽□♂	B
	15 35	☉⊥♀	
	16 40	☽⚹☿	G
	19 06	☽∠☉	b
	20 06	☽□♄	B
14	05 11	☽⊻♃	g

Fr	07 44	☉⚼♄	
	10 45	☽⚼♇	b
	15 17	☿⚻♄	
	23 02	☉⚹♅	
15	02 08	☽⊻♅	g
Sa	02 23	☽⊻☉	g
	02 24	♀#♄	
	02 37	☽∠☿	b
	10 34	☽∠♃	b
	12 27	☽⚹♀	G
	12 35	☽□♆	B
	17 13	☽♋	
	18 42	♀⚻♆	
	23 48	☽⚹♂	G
16	06 06	☽△♄	G
Su	07 33	☽∠♅	b
	12 43	☉Q♃	
	13 08	☽⊻☿	g
	16 23	☽⚹♃	G
	18 33	☽∠♀	b
17	07 01	☽∠♂	b
Mo	11 41	☽⚼♄	b
	12 49	☿□♃	
	13 21	☽⚹♅	G
	18 32	☽☌☉	D
	22 33	☿⚼♆	
	23 52	☽△♆	G
18	00 55	☽⊻♀	g
Tu	03 06	☽☍♇	B
	04 39	☽♌	
	09 37	♂#♄	
	14 37	☽⊻♂	g
	19 04	☿∥♅	
	21 26	☽#♇	D
19	00 01	♂±♇	
We	05 02	☽□♃	B
	05 59	☽⚼♆	b
	11 23	☽☌☿	G
	11 25	☽∥☉	G
20	01 51	☽□♅	B
Th	03 36	☽∥♅	B
	08 39	☽∥☿	G
	12 14	☽⊻☉	g
	13 07	☉△♆	
	14 08	☽☌♀	G
	17 13	☽♍	
	20 39	♂☍♄	
	22 40	☽∥♃	G
21	06 03	☽☍♄	B
Fr	06 36	☽☌♂	B
	13 39	☉⊻♀	
	16 06	☽#♄	B
	18 30	☽△♃	G
	20 09	☽∥♂	B
	21 20	☽∠☉	b
	21 53	☽⚼♇	b
22	00 40	☽∥♀	G
Sa	03 53	☉☍♇	
	10 07	☽⊻☿	g
	11 46	♃∠♆	
	14 48	☽△♅	G
23	01 00	☽☍♆	B
Su	01 09	☽⚼♃	b
	01 33	♀Stat	
	01 50	☉♌	
	03 06	☽⊻♀	g
	04 06	☽△♇	G
	05 54	☽♎	
	06 15	☽⚹☉	G

	06 27	☽#♆	D
	06 43	☿±♆	
	07 18	☉±♄	
	20 52	☽∠☿	b
	20 58	☽⚼♅	b
	21 39	☿□♅	
	22 22	☽⊻♂	g
24	00 30	☽∥♆	D
Mo	08 56	☽∠♀	b
	14 08	☿∥♃	
	23 46	☽⚼♄	b
25	02 42	☽#♀	G
Tu	05 25	☽∠♂	b
	06 10	☽#♂	B
	06 39	☽⚹☿	G
	13 55	☽∥♄	B
	14 00	☽⚹♀	G
	15 05	☽□♇	B
	16 55	☽♏	
	22 07	☽□☉	B
26	02 06	☽#☿	G
We	04 27	☽△♄	G
	06 40	☽#♃	G
	11 31	☽⚹♂	G
	16 34	☽⚼♆	b
	17 38	☽☍♃	B
	23 28	☽#♅	B
27	03 59	☿⚻♆	
Th	05 15	☽#☉	G
	11 10	☽☍♅	B
	15 16	☿☌♀	
	19 56	☽△♆	G
	21 06	☽□♀	B
	21 53	☽□☿	B
	22 36	☽⚹♇	G
	22 41	☉Q♅	
28	00 24	☽♐	
Fr	02 20	☽∥♇	D
	03 29	☉⊥♂	
	04 24	☿⚻♇	
	09 22	☽△☉	G
	10 52	☽□♄	B
	20 09	☽□♂	B
	21 31	☿♍	
29	00 47	☽∠♇	b
Sa	05 38	☉⚻♄	
	13 02	☽⚼☉	b
	23 32	☽□♆	B
	23 51	☽△♀	G
30	01 13	☽⚼♃	b
Su	01 59	☽⊻♇	g
	03 44	☽♑	
	05 36	☿#♄	
	06 55	☽△☿	G
	13 15	☽⚹♄	G
	16 22	☽⚼♅	b
	16 25	♀⚻♆	
	23 53	☽⚼♀	b
31	00 18	☽△♂	G
Mo	01 51	☽△♃	G
	09 38	☽⚼☿	b
	13 18	☽∠♄	b
	16 29	☽△♅	G
	21 42	☉∥♅	
	23 55	☽⚹♆	G

AUGUST

1	01 14	☽⚼♂	b
Tu	02 13	☽☌♇	D

	03 58	☽♒	
	12 02	☿±♇	
	12 54	☽⊻♄	g
	16 37	☽∥♇	D
	17 09	♀∥♂	
	18 32	☽☍☉	B
	20 45	♂△♃	
	23 29	☽∠♆	b
2	00 29	♂⚼♇	
We	01 38	☽□♃	B
	02 18	☿☍♄	
	15 44	☽□♅	B
	16 01	☽⋕♅	B
	18 03	☽⋕☉	G
	21 15	☽☍♀	B
	23 00	☽⊻♆	g
3	01 16	☽⊻♇	g
Th	03 05	☽♓	
	05 31	☽⋕♃	G
	11 52	☽☌♄	B
	15 03	☽☍☿	B
	19 37	☽∥♄	B
4	01 03	☽∠♇	b
Fr	01 19	☽✱♃	G
	03 15	☽☍♂	B
	07 23	☽⋕☿	G
	09 58	☽⋕♀	G
	11 52	☽⋕♂	B
	15 35	☽✱♅	G
	22 54	☽⚼☉	b
	23 00	☽☌♆	D
5	00 24	☉⚼♆	
Sa	01 21	☽✱♇	G
	01 49	☽∠♃	b
	03 13	☽∥♆	D
	03 19	☽♈	
	12 18	☽⊻♄	g
	14 02	☿∥♀	
	16 21	☽∠♅	b
	18 49	☽⋕♆	D
	19 51	☽⚼♀	b
6	01 40	☽△☉	G
Su	03 03	☽⊻♃	g
	08 59	☽∥♂	B
	10 43	☽∥☿	G
	12 34	☽∥♀	G
	13 36	☽∠♄	b
	17 57	☽⊻♅	g
	20 35	☽△♀	G
7	00 03	☉□♃	
Mo	00 10	☽⚼☿	b
	01 43	☽⊻♆	g
	04 13	☽□♇	B
	04 34	☽⋕♄	B
	06 24	☽♉	
	10 23	☽⚼♂	b
	15 46	☽✱♄	G
	20 23	☽∥♃	G
	22 41	☿∥♂	
8	02 10	☽∥☉	G
Tu	04 25	☽∠♆	b
	05 09	☽△☿	G
	08 11	☽☌♃	G
	10 28	☽□☉	B
	11 25	☽∥♅	B
	14 46	☽△♂	G
	23 50	☽☌♅	B
9	00 21	☽□♀	B
We	04 29	☿⚼♇	
	08 00	☽✱♆	G
	10 39	☽△♇	G
	11 08	♀□♅	
	13 05	☽♊	
	15 01	☽⋕♇	D
	22 45	☽□♄	B
10	00 47	☿△♃	
Th	15 06	☽⚼♇	b
	16 51	☽⊻♃	g
	18 02	☽□☿	B
	23 37	☽✱☉	G
11	02 28	☽□♂	B
Fr	06 52	☽✱♀	G
	09 03	☽⊻♅	g
	17 27	☽□♆	B
	22 14	☽∠♃	b
	22 52	☽♋	
12	04 47	☉∥♃	
Sa	05 49	♀±♆	
	07 27	☽∠☉	b
	08 37	☽△♄	G
	10 54	☽∠♀	b
	14 35	☽∠♅	b
13	00 15	♀⊻♂	
Su	04 06	☽✱♃	G
	09 26	☽✱☿	G
	11 16	☉☌♀	
	14 16	☽⚼♄	b
	15 17	☽⊻♀	g
	15 51	☽⊻☉	g
	16 56	☽✱♂	G
	20 30	☽✱♅	G
14	04 57	☽△♆	G
Mo	05 16	☉±♆	
	07 46	☽☍♇	B
	10 36	☽♌	
	15 18	☿⋕♆	
	17 30	☽∠☿	b
15	00 46	☽∠♂	b
Tu	02 17	☽⋕♇	D
	05 10	☉⊻♂	
	11 08	☽⚼♆	b
	16 44	☽□♃	B
	17 04	☿⊻♀	
16	00 44	☽☌♀	G
We	01 34	☽⊻☿	g
	02 35	☉□♅	
	08 33	☽∥♅	B
	08 48	☽⊻♂	g
	09 04	☽□♅	B
	09 38	☽☌☉	D
	13 53	♂△♅	
	23 14	☽♍	
17	00 44	☽∥♃	G
Th	08 32	☽☍♄	B
	09 00	☽∥☉	G
	18 18	☽⋕♄	B
	20 05	♀⊥♂	
18	02 37	☽⚼♇	b
Fr	05 48	☽△♃	G
	10 16	♄⊥♇	
	10 29	☽∥♀	G
	10 35	☽⊻♀	g
	17 09	☽☌☿	G
	21 51	☽△♅	G
19	00 57	☽☌♂	B
Sa	03 42	☽⊻☉	g
	06 01	☽☍♆	B
	08 51	☽△♇	G
	08 58	☽∥♂	B
	10 52	☽⋕♆	D
	11 53	☽♎	
	12 12	☽⚼♃	b
	15 28	☽∠♀	b
	19 15	☽∥☿	G
	22 07	☽⋕☿	G
20	04 01	☽⚼♅	b
Su	06 39	☽∥♆	D
	07 27	☽⋕♂	B
	07 40	☉⊽♆	
	12 24	☽∠☉	b
	20 07	☽✱♀	G
21	00 19	♂⋕♆	
Mo	02 24	☽⚼♄	b
	06 50	☽⊻☿	g
	08 19	☽⋕♀	G
	16 02	☽⊻♂	g
	18 07	☉⊽♇	
	18 37	☿⊥♀	
	20 19	☽□♇	B
	20 31	☽✱☉	G
	22 38	☽∥♄	B
	23 22	☽♏	
22	00 06	☽⋕☉	G
Tu	07 33	☽△♄	G
	12 16	♀□♃	
	12 28	☽∠☿	b
	15 03	☽⋕♃	G
	20 34	♂☍♆	
	21 35	☉⋕♄	
	22 28	☽⚼♆	b
	22 35	☽∠♂	b
23	04 10	☽□♀	B
We	04 48	☽☍♃	B
	05 52	☽⋕♅	B
	09 01	☉♍	
	17 03	☽✱☿	G
	19 19	☽☍♅	B
	19 59	☿ Stat	
24	02 33	☽△♆	G
Th	04 09	☽✱♂	G
	05 10	☽✱♇	G
	08 07	☽♐	
	09 35	☽∥♇	D
	09 57	☽□☉	B
	15 29	☽□♄	B
25	00 23	♂△♇	
Fr	08 13	☽∠♇	b
	09 27	☽△♀	G
	20 04	♀∠♂	
	22 43	☽□☿	B
26	07 49	☽□♆	B
Sa	10 16	☽⊻♇	g
	10 51	☽⚼♀	b
	11 56	☽□♂	B
	13 05	☽♑	
	13 51	☽⚼♃	b
	18 39	☽△☉	G
	19 39	☽✱♄	G
27	02 42	☽⚼♅	b
Su	08 28	☉☍♄	
	13 20	♂♎	
	14 58	☽△♃	G
	20 24	☽∠♄	b
	20 36	☉±♇	
	20 59	☿⋕♂	
	21 18	☽⚼☉	b
28	00 00	☽△☿	G
Mo	03 22	☽△♅	G
	07 51	♂⚼♃	
	09 29	☽✱♆	G
	11 49	☽☌♇	D
	14 32	☽♒	
	15 39	☽△♂	G
	20 29	☽⊻♄	g
	23 22	☉∥♀	
	23 25	☽⚼☿	b
29	02 40	♅ Stat	
Tu	02 52	☽∥♇	D
	09 22	☽∠♆	b
	10 56	☽☍♀	B
	15 11	☽□♃	B
	16 31	☽⚼♂	b
30	02 37	☽⋕♅	B
We	03 04	☽□♅	B
	08 24	☿∥♂	
	08 56	☽⊻♆	g
	11 14	☽⊻♇	g
	13 56	☽♓	
	14 44	☽⋕♃	G
	19 33	☽☌♄	B
31	01 36	☽☍☉	B
Th	03 11	♃Q♄	
	03 20	☽∥♄	B
	10 23	☽⋕♀	G
	10 47	☽∠♇	b
	14 25	☽✱♃	G
	15 00	☽⋕☉	G
	19 28	☽☍☿	B

SEPTEMBER

1	02 20	☽✱♅	G
Fr	07 54	☿⊥♀	
	08 13	☽☌♆	D
	09 09	☽⚼♀	b
	10 36	☽✱♇	G
	12 02	☽∥♆	D
	13 25	☽♈	
	14 20	☽∠♃	b
	17 52	☽∥♂	B
	18 12	☽⋕☿	G
	18 50	☽☍♂	B
	18 56	☽⊻♄	g
	21 01	♂⊽♄	
	22 55	☽∥☿	G
	23 10	☽⋕♂	B
2	02 28	☽∠♅	b
Sa	04 53	☽⋕♆	D
	09 19	☽△♀	G
	10 55	☿⋕♂	
	14 47	☽⊻♃	g
	19 23	☽∠♄	b
	23 32	☽∥☉	G
3	03 15	☽⊻♅	g
Su	07 27	☽⚼☉	b
	09 07	☽∥♀	G
	09 24	☽⊻♆	g
	11 57	☽□♇	B
	15 00	☽♉	
	15 31	☽⋕♄	B
	17 10	☽⚼☿	b
	20 36	☽✱♄	G
4	01 20	♀ Stat	
Mo	04 52	☽∥♃	G
	10 29	☿△♃	
	11 12	☽△☉	G
	11 13	☽∠♆	b
	12 08	☽□♀	B
	14 11	♃ Stat	
	17 35	☽△☿	G
	18 06	☽☌♃	G
	18 18	☽∥♅	B
5	00 42	☉⊻♀	
Tu	02 53	☽⚼♂	b
	07 28	☽☌♅	B
	13 59	☽✱♆	G
	15 12	☿⋕♆	
	16 46	☽△♇	G
	20 07	☽♊	
	21 25	☽⋕♇	D
6	00 10	☉⚼♇	
We	01 50	☽□♄	B
	07 45	☽△♂	G
	11 09	☉☌☿	
	19 06	☽✱♀	G
	20 38	☽⚼♇	b
	20 46	☽□☿	B
	22 21	☽□☉	B
	22 33	☿⚼♇	
7	01 12	☽⊻♃	g
Th	15 30	☽⊻♅	g
	16 18	☿⊻♀	
	22 22	☽□♆	B
8	00 08	☽∠♀	b
Fr	05 00	☽♋	
	06 05	☽∠♃	b
	10 43	☽△♄	G
	11 13	☉△♃	
	11 54	♂∥♆	
	20 33	☽□♂	B
	20 45	☽∠♅	b
	23 58	♂⚼♅	
9	02 57	☽✱☿	G
Sa	06 02	☽⊻♀	g
	11 38	☽✱♃	G
	13 49	☽✱☉	G
	16 13	☽⚼♄	b
10	02 24	☉∥☿	
Su	02 34	☽✱♅	G
	04 41	♂±♄	
	07 01	☽∠☿	b
	09 36	☽△♆	G
	12 47	☽☍♇	B
	16 36	☽♌	
	22 34	☽∠☉	b
11	06 36	♂±♃	
Mo	07 22	☿⊻♂	
	08 10	☽⋕♇	D
	11 37	☽⊻☿	g
	12 06	☽✱♂	G
	15 48	☽⚼♆	b
	19 32	☽☌♀	G
	23 54	☽□♃	B
12	07 37	☽⊻☉	g
Tu	13 54	☉⊥♀	
	14 56	☽∥♅	B
	15 06	☽□♅	B
	20 15	☽∠♂	b
13	05 18	☽♍	
We	06 43	☽∥♃	G
	09 21	☉⋕♂	
	10 31	☽☍♄	B
	20 50	☽⋕♄	B
	22 04	☽☌☿	G
14	01 14	☽∥♀	G
Th	04 22	☽⊻♂	g

	07 42	☽⚼♇	b
	09 56	☽⊻♀	g
	12 27	☽△♃	G
	19 00	☽∥☿	G
15	01 40	☽☌☉	D
Fr	03 37	☽△♅	G
	07 55	☽#♂	B
	10 30	☽☍♆	B
	13 40	☽∥☉	G
	13 49	☽△♇	G
	15 16	☽#♆	D
	17 04	☽∠♀	b
	17 44	☽♎	
	18 29	☽⚼♃	b
	20 21	☿ Stat	
16	01 24	☉△♅	
Sa	09 34	☽⚼♅	b
	09 45	☽⊻☿	g
	12 40	☉#♆	
	13 14	☽#☉	G
	13 16	☽∥♆	D
	19 53	☽☌♂	B
	22 16	☽∥♂	B
	23 57	☽✱♀	G
17	04 08	☽⚼♄	b
Su	06 10	♀□♃	
	12 18	☽#☿	G
	15 49	☽∠☿	b
	18 27	☽⊻☉	g
18	01 06	☽□♇	B
Mo	02 53	☽#♀	G
	04 58	☽♏	
	06 59	☽∥♄	B
	09 19	☽△♄	G
	19 33	☽#♃	G
	21 52	☽✱☿	G
19	02 00	☽∠☉	b
Tu	02 45	☽⚼♆	b
	09 31	☽⊻♂	g
	10 16	☽☍♃	B
	10 33	☽#♅	B
	11 17	☉☍♆	
	12 29	☽□♀	B
	22 48	♂∇♃	
20	00 46	☽☍♅	B
We	07 06	☽△♆	G
	08 47	☽✱☉	G
	10 21	☽✱♇	G
	14 06	☽♐	
	15 08	☽∥♇	D
	15 17	☽∠♂	b
	17 58	☽□♄	B
21	05 21	☉△♇	
Th	09 13	☽□☿	B
	13 57	☽∠♇	b
	20 12	☽✱♂	G
	22 25	☽△♀	G
22	10 43	♂±♅	
Fr	13 37	☽□♆	B
	15 23	♂⚼♄	
	16 46	☽⊻♇	g
	19 32	☽□☉	B
	20 20	☽♑	
	20 23	☽⚼♃	b
	23 44	☽✱♄	G
23	02 09	☽⚼♀	b
Sa	06 49	☉⚼♃	
	06 50	☉♎	
	09 57	☽⚼♅	b

	18 24	☽△☿	G
	22 12	☽△♃	G
	23 16	☿⚼♇	
24	01 28	☽∠♄	b
Su	03 17	☽□♂	B
	11 27	☽△♅	G
	17 03	☽✱♆	G
	20 05	☽☌♇	D
	22 00	☽⚼☿	b
	23 29	☽♒	
25	02 26	☽△☉	G
Mo	02 29	☽⊻♄	g
	03 10	☉∇♄	
	12 10	☿△♃	
	12 22	☽∥♇	D
	17 45	☽∠♆	b
	19 49	☿#♂	
	23 02	♀±♆	
	23 49	☽□♃	B
26	04 44	☽⚼☉	b
Tu	07 13	☽△♂	G
	08 47	☽☍♀	B
	12 39	☽□♅	B
	13 22	☽#♅	B
	18 00	☽⊻♆	g
	21 00	☽⊻♇	g
27	00 18	☽♓	
We	02 30	☽#♃	G
	03 01	☽☌♄	B
	08 26	☽⚼♂	b
	11 33	☽∥♄	B
	16 42	☽#♀	G
	20 59	☽∠♇	b
	23 46	☽✱♃	G
28	04 53	☽∥♂	B
Th	06 18	☽☍☿	B
	11 13	☽#☿	G
	12 35	☽✱♅	G
	17 54	☽☌♆	D
	20 58	☽✱♇	G
	21 50	☽∥♆	D
	23 39	☽∠♃	b
	23 40	☽∥☉	G
29	00 17	☽♈	
Fr	02 49	☽⊻♄	g
	09 57	☽☍☉	B
	12 23	☽⚼♀	b
	12 39	☽∠♅	b
	15 36	☽#☉	G
	16 36	☽#♆	D
	17 53	♀□♅	
	23 46	☽⊻♃	g
30	00 21	☽∥☿	G
Sa	03 02	☽∠♄	b
	08 35	☿⊻♂	
	09 54	☉∥♆	
	11 56	☽#♂	B
	12 19	☽☍♂	B
	13 06	☽⊻♅	g
	14 08	☽△♀	G
	16 55	☿△♅	
	18 35	☽⊻♆	g
	21 20	☽∥♀	G
	21 49	☽□♇	B
	21 59	☉±♄	

OCTOBER

1	01 18	☽♉	
Su	01 48	☉⚼♅	

	03 45	☽✱♄	G
	04 01	☽#♄	B
	04 38	♂∇♅	
	11 38	☿⊻♀	
	12 46	☽∥♃	G
	17 01	☽⚼☿	b
	19 34	☉±♃	
	19 46	☽∠♆	b
2	01 37	☽☌♃	G
Mo	02 57	☽∥♅	B
	09 17	☉#☿	
	15 34	☿☍♆	
	15 57	☽☌♅	B
	18 59	☽⚼☉	b
	20 07	☽□♀	B
	21 47	☽✱♆	G
	22 41	☽△☿	G
3	01 20	☽△♇	G
Tu	05 03	☽♊	
	05 58	☽#♇	D
	07 29	☽□♄	B
	11 30	☿#♆	
	19 20	☿△♇	
	22 07	☽⚼♂	b
4	00 03	☽△☉	G
We	00 21	♀∇♆	
	04 26	☽⚼♇	b
	06 43	☽⊻♃	g
	12 06	☿⚼♃	
	22 22	☽⊻♅	g
5	00 09	☿♎	
Th	03 32	☽△♂	G
	04 37	☽□♆	B
	06 34	☽✱♀	G
	10 41	☽∠♃	b
	12 32	☽♋	
	14 33	☽□☿	B
	14 55	☽△♄	G
	17 03	☿∇♄	
	20 58	☉∠♀	
	23 09	♂∇♆	
6	02 58	☽∠♅	b
Fr	12 50	♀∇♇	
	13 33	☽∠♀	b
	13 48	☽□☉	B
	15 29	☽✱♃	G
	19 57	☽⚼♄	b
7	06 31	♀#♂	
Sa	08 22	☽✱♅	G
	09 04	☉∇♃	
	14 58	☽△♆	G
	17 25	☽□♂	B
	19 12	☽☍♇	B
	19 26	☿⊥♀	
	21 27	☽⊻♀	g
	23 24	☽♌	
8	11 47	☽✱☿	G
Su	15 13	☽#♇	D
	21 02	☽⚼♆	b
9	00 21	☿±♄	
Mo	01 05	♂□♇	
	01 11	♀♍	
	02 55	☽□♃	B
	04 39	☿⚼♅	
	07 07	☽✱☉	G
	07 47	☿±♃	
	15 08	☉⚼♄	
	20 36	☽□♅	B
	22 52	☽∥♅	B

	22 54	☉±♅	
	23 27	☽∠☿	b
10	06 11	♀☍♄	
Tu	09 37	☽✱♂	G
	12 02	☽♍	
	14 06	☽☍♄	B
	14 46	☽☌♀	G
	16 17	☽∠☉	b
	16 50	☽∥♃	G
11	01 10	♇ Stat	
We	01 17	☽#♄	B
	05 56	☿∥♆	
	09 18	☽#♂	B
	11 08	☽⊻☿	g
	14 06	☽⚼♇	b
	15 06	☽△♃	G
	17 32	☽∥♀	G
	17 45	☽∠♂	b
12	01 18	☽⊻☉	g
Th	02 11	☽#☉	G
	04 04	♂♏	
	09 01	☽△♅	G
	12 32	☿∇♃	
	15 42	☽☍♆	B
	16 17	☽#☿	G
	20 10	☽△♇	G
	20 46	☽#♆	D
	20 53	☽⚼♃	b
13	00 22	☽♎	
Fr	01 34	☽⊻♂	g
	07 49	☽⊻♀	g
	11 34	♀±♇	
	12 29	♂△♄	
	14 46	☽⚼♅	b
	20 59	☽∥♆	D
14	00 15	☿⚼♄	
Sa	05 04	☿±♅	
	06 19	☽∥☿	G
	07 42	☽⚼♄	b
	08 58	☽☌☿	G
	13 02	♂±♆	
	15 39	☽∠♀	b
	17 55	☽☌☉	D
	19 22	☽∥☉	G
	20 36	☽#♀	G
15	07 01	☽□♇	B
Su	07 34	☉#♀	
	11 04	☽♏	
	11 39	☽∥♂	B
	12 41	☽△♄	G
	15 06	☽∥♄	B
	15 35	☽☌♂	B
	19 44	☉∇♅	
	21 58	☽#♃	G
	22 51	☽✱♀	G
16	07 14	☽⚼♆	b
Mo	11 31	☽☍♃	B
	15 11	♃Q♄	
	15 13	☽#♅	B
17	03 29	☽⊻☿	g
Tu	05 01	☽☍♅	B
	07 54	☽⊻☉	g
	11 20	☽△♆	G
	14 48	☿∇♅	
	15 44	☽✱♇	G
	19 36	☽♐	
	20 29	☽∥♇	D
	21 02	☽□♄	B
	21 36	☿#♀	

18	03 03	☽⊻♂	g
We	09 11	☿∠♀	
	11 15	☽□♀	B
	11 23	☽∠☿	b
	13 49	☽∠☉	b
	19 14	☽∠♇	b
	20 27	♂∥♄	
19	03 40	☉∇♆	
Th	07 48	☽∠♂	b
	14 12	☿∇♆	
	17 53	☽□♆	B
	18 25	☽✱☿	G
	19 02	☽✱☉	G
	21 18	☽⚼♃	b
	22 12	☽⊻♇	g
20	01 55	☽♑	
Fr	03 10	☽✱♄	G
	05 38	☉☌☿	
	11 54	☽✱♂	G
	14 19	☽⚼♅	b
	20 59	☽△♀	G
	23 30	☽△♃	G
21	00 51	☿□♇	
Sa	05 27	☽∠♄	b
	14 09	☉□♇	
	16 21	☽△♅	G
	22 17	☽✱♆	G
22	00 55	☽⚼♀	b
Su	02 33	☽☌♇	D
	03 29	☽□☉	B
	04 32	♀△♃	
	06 00	☽□☿	B
	06 06	☽♒	
	06 49	☿♏	
	07 13	☽⊻♄	g
	09 45	☉∥☿	
	16 12	☿△♄	
	18 21	☽□♂	B
	19 34	☽∥♇	D
	23 47	☽∠♆	b
23	00 21	♀⚼♇	
Mo	02 27	☽□♃	B
	03 12	☿±♆	
	16 21	☉♏	
	19 04	☽□♅	B
	22 19	☽#♅	B
	22 24	♂#♃	
24	00 53	☽⊻♆	g
Tu	05 07	☽⊻♇	g
	07 14	☉△♄	
	08 33	☽♓	
	09 34	☽☌♄	B
	09 45	☽△☉	G
	13 52	☽∥♂	B
	14 33	☽#♃	G
	14 57	☽△☿	G
	18 56	☽∥♄	B
	19 53	☽∥☿	G
	22 42	☽∥☉	G
	22 58	☽△♂	G
25	01 18	☉±♆	
We	03 57	☽✱♃	G
	05 02	☿∥♄	
	05 57	☽∠♇	b
	09 52	☽☍♀	B
	12 21	☽⚼☉	b
	18 49	☽⚼☿	b
	20 35	☽✱♅	G
	21 29	☽#♀	G

Date	Time	Aspect	
26 Th	00 54	☽⚼♂	b
	02 22	☽☌♆	D
	04 25	☽∠♃	b
	06 39	☽∥♆	D
	06 39	☽⚹♇	G
	10 02	☽♈	
	10 59	☽⚺♄	g
	19 39	☿#♃	
	21 12	☽∠♅	b
27 Fr	03 37	☽#♆	D
	04 54	☽⚺♃	g
	07 21	♂⚼♆	
	11 05	☽∥♀	G
	11 42	☽∠♄	b
	20 45	☉∥♄	
	21 57	☽⚺♅	g
28 Sa	03 53	☽⚺♆	g
	08 20	☽□♇	B
	11 44	☽♉	
	12 40	☽⚹♄	G
	14 16	☿⚼♆	
	15 36	☽#♄	B
	16 03	♂☍♃	
	16 41	☽#☉	G
	17 58	☽⚼♀	b
	18 31	☿∥♂	
	19 19	☽∥♃	G
	20 24	☽☍☉ (eclipse)	B
29 Su	00 47	☽#♂	B
	01 15	☽#☿	G
	03 44	☿☍♃	
	05 05	☽∠♆	b
	06 37	☽☌♃	G
	07 00	☽☍☿	B
	07 30	☽☍♂	B
	12 15	☽∥♅	B
	14 22	☿☌♂	
	21 33	☽△♀	G
30 Mo	00 36	☽☌♅	B
	06 50	☽⚹♆	G
	11 36	☽△♇	G
	12 00	☉#♃	
	15 08	☽♊	
	15 56	☽#♇	D
	16 04	☽□♄	B
31 Tu	10 28	☽⚺♃	g
	12 51	♀△♅	
	14 16	☽⚼♇	b
NOVEMBER			
1 We	04 32	☿Q♇	
	05 53	☽⚺♅	g
	07 26	☽□♀	B
	09 48	☽⚼☉	b
	12 36	☽□♆	B
	13 33	☽∠♃	b
	19 53	☽⚼♂	b
	21 30	☽♋	
	22 29	☽△♄	G
2 Th	02 01	☽⚼☿	b
	09 48	☽∠♅	b
	10 37	☿#♅	
	16 23	☽△☉	G
	17 31	☽⚹♃	G
	19 01	♀#♆	
	21 33	☉⚼♆	
3 Fr	02 01	☽△♂	G
	03 01	☽⚼♄	b
	05 02	☉☍♃	
	10 49	☽△☿	G
	14 36	☽⚹♅	G
	21 49	☽⚹♀	G
	21 50	☽△♆	G
	22 06	♀☍♆	
4 Sa	02 45	♀⚼♃	
	03 28	☽☍♇	B
	07 04	♄ Stat	
	07 21	☽☊	
	13 50	♂Q♇	
	16 07	☿☍♅	
	23 06	☽#♇	D
5 Su	03 35	☽⚼♆	b
	03 46	☽□♃	B
	06 32	☽∠♀	b
	08 37	☽□☉	B
	17 00	☽□♂	B
	21 04	♃∠♆	
	21 44	☽#☿	G
6 Mo	02 11	☽□♅	B
	07 25	☽□☿	B
	07 48	☽∥♅	B
	11 54	☽#♂	B
	14 38	♀△♇	
	15 50	☽⚺♀	g
	16 54	☽#☉	G
	19 39	☽♍	
	20 42	☽☍♄	B
7 Tu	01 37	☿△♆	
	05 33	☽∥♃	G
	08 14	☽#♄	B
	15 43	☽△♃	G
	22 09	☽⚼♇	b
8 We	02 54	☽⚹☉	G
	09 29	☽⚹♂	G
	09 30	♀♎	
	14 40	☽△♅	G
	18 42	☉Q♇	
	21 13	♀⚻♄	
	21 37	☽⚼♃	b
	22 20	☽☍♆	B
9 Th	00 17	☿⚹♇	
	03 34	☽#♆	D
	04 20	☽△♇	G
	04 55	☽⚹☿	G
	08 08	☽♎	
	10 23	☽☌♀	G
	11 43	☽∠☉	b
	14 02	☽∥♀	G
	17 19	☽∠♂	b
	18 53	☽#♀	G
	20 29	☽⚼♅	b
10 Fr	03 34	♂#♅	
	05 35	☽∥♆	D
	06 25	☿♐	
	14 45	☽∠☿	b
	14 48	☽⚼♄	b
	15 07	☿□♄	
	19 51	☽⚺☉	g
11 Sa	00 29	☽⚺♂	g
	11 50	♀±♃	
	15 05	☽□♇	B
	18 39	☽♏	
	19 43	☽△♄	G
	21 11	♂☍♅	
	22 54	☽∥♄	B
	23 34	☽⚺☿	g
12 Su	00 38	☽#♃	G
	02 22	☽⚺♀	g
	12 09	☽☍♃	B
	13 38	☽⚼♆	b
	14 48	☉#♅	
	21 12	☽#♅	B
	21 36	☽∥☉	G
13 Mo	00 05	☽∥♂	B
	08 59	☽∠♀	b
	09 27	☽☌☉	D
	10 05	☽☍♅	B
	12 18	☽☌♂	B
	17 20	☽△♆	G
	17 21	☉☍♅	
	21 33	♀⚼♅	
	23 03	☽⚹♇	G
14 Tu	02 06	☽∥☿	G
	02 23	☽♐	
	03 07	☽∥♇	D
	03 28	☽□♄	B
	09 21	♀±♄	
	13 25	☿∥♇	
	14 04	☽☌☿	G
	14 45	☽⚹♀	G
15 We	02 04	☽∠♇	b
	12 48	☿⚹♀	
	14 22	☉∠♀	
	19 44	☽⚺☉	g
	20 52	☽⚼♃	b
	21 05	☽⚺♂	g
	22 57	☽□♆	B
16 Th	03 35	☿⚻♃	
	04 33	☽⚺♇	g
	07 41	☽♑	
	07 48	♀⚻♃	
	08 49	☽⚹♄	G
	18 02	☽⚼♅	b
	22 48	☽△♃	G
	23 58	☽∠☉	b
17 Fr	00 16	☽□♀	B
	00 39	☽∠♂	b
	01 17	☽⚺☿	g
	08 36	♂△♆	
	10 51	☽∠♄	b
	12 20	♀∠♂	
	14 52	☉△♆	
	19 51	☽△♅	G
18 Sa	02 52	☽⚹♆	G
	03 49	☽⚹☉	G
	03 51	☽⚹♂	G
	05 42	☉☌♂	
	06 07	☽∠☿	b
	08 27	☽☌♇	D
	11 27	☽♒	
	12 38	☽⚺♄	g
	16 59	☽∥☿	G
19 Su	00 50	☽∥♇	D
	01 50	☽□♃	B
	04 28	☽∠♆	b
	04 59	☿∠♇	
	07 01	♀∥♆	
	08 12	☽△♀	G
	10 39	☽⚹☿	G
	20 08	☽∥♂	B
	20 13	☽∥☉	G
	22 33	☿±♃	
	22 53	☽□♅	B
20 Mo	03 11	☉∥♂	
	04 57	☽#♅	B
	05 56	☽⚺♆	g
	09 38	☽□♂	B
	10 50	☽□☉	B
	11 34	☽⚺♇	g
	11 54	☽⚼♀	b
	14 29	☽♓	
	15 45	☽☌♄	B
	21 26	☉⚹♇	
21 Tu	00 38	☽#♃	G
	01 11	☽∥♄	B
	04 20	☽⚹♃	G
	13 02	☽∠♇	b
	14 34	♀±♅	
	19 16	☽□☿	B
22 We	01 18	♂⚹♇	
	01 35	☽⚹♅	G
	05 32	☽∠♃	b
	08 40	☽∥♀	G
	08 45	☽☌♆	D
	13 00	♀⚼♄	
	13 04	☽∥♆	D
	14 03	☉♐	
	14 29	☽⚹♇	G
	15 10	☽△♂	G
	17 19	☽♈	
	17 35	☽△☉	G
	18 42	☽⚺♄	g
23 Th	02 26	☿Q♄	
	02 57	☽∠♅	b
	06 47	☽⚺♃	g
	09 47	☉□♄	
	11 46	☽#♆	D
	18 00	☽⚼♂	b
	18 13	☽#♀	G
	20 16	☽∠♄	b
	21 03	☽⚼☉	b
	22 57	☽☍♀	B
24 Fr	03 52	☽△☿	G
	04 26	☽⚺♅	g
	09 27	☿⚻♅	
	10 15	♂♐	
	11 47	☽⚺♆	g
	17 40	☽□♇	B
	20 29	☽♉	
	21 59	☽⚹♄	G
	23 40	☽#♄	B
	23 54	☽∥♃	G
25 Sa	08 25	☽⚼☿	b
	09 43	☽☌♃	G
	13 35	☽∠♆	b
	16 18	☿⊥♇	
	16 57	♂□♄	
	20 09	☽∥♅	B
	20 40	☿⚼♃	
26 Su	08 03	☽☌♅	B
	10 55	☽#♂	B
	12 29	☽#☉	G
	15 42	☽⚹♆	G
	15 49	♀⚻♅	
	21 52	☽△♇	G
27 Mo	00 40	☽♊	
	01 08	☽#♇	D
	02 22	☽□♄	B
	04 08	☽☍♂	B
	09 16	☽☍☉	B
	12 14	☽⚼♀	b
	13 27	☿□♆	
	13 54	☽⚺♃	g
	20 23	☽#☿	G
28 Tu	00 38	☽⚼♇	b
	13 21	☽⚺♅	g
	16 47	☽∠♃	b
	17 45	☿±♅	
	17 54	☽△♀	G
	21 30	☽□♆	B
29 We	00 04	♃#♄	
	01 03	☽☍☿	B
	06 54	☽♋	
	08 51	☽△♄	G
	16 58	☽∠♅	b
	17 38	☉⚻♃	
	20 21	☽⚹♃	G
30 Th	08 34	☿⚺♇	
	10 13	♀⚻♆	
	13 11	☽⚼♄	b
	19 48	☽⚼♂	b
	21 20	☽⚹♅	G
DECEMBER			
1 Fr	03 42	☽⚼☉	b
	06 04	☽△♆	G
	08 09	☽□♀	B
	09 38	☽#☿	G
	13 07	☽☍♇	B
	14 31	☿♑	
	16 00	☽☊	
2 Sa	02 48	☽△♂	G
	05 44	☽□♃	B
	07 16	☽#♇	D
	11 29	☽⚼♆	b
	11 45	☽△☉	G
	15 04	☽#☉	G
	15 27	☿⚹♄	
	17 42	☽#♂	B
3 Su	00 57	☽⚼☿	b
	08 13	☽□♅	B
	13 29	♀□♇	
	16 47	☽∥♅	B
	23 20	♂⚻♃	
4 Mo	02 11	☽⚹♀	G
	03 50	☽♍	
	06 26	☽☍♄	B
	10 12	☽△☿	G
	17 16	☽#♄	B
	17 30	☽∥♃	G
	17 32	☽△♃	G
	18 51	♀♏	
	18 52	☽□♂	B
5 Tu	03 46	☉±♃	
	05 49	☽□☉	B
	07 00	☽#♀	G
	07 26	☽⚼♇	b
	11 58	☽∠♀	b
	12 59	♀±♆	
	20 45	☽△♅	G
	22 51	♀△♄	
	23 45	☽⚼♃	b
6 We	01 02	☉∠♇	
	06 17	☽☍♆	B
	11 06	☽#♆	D
	12 25	☿⚼♅	
	13 20	♆Stat	
	13 50	☽△♇	G
	16 35	☽♎	
	21 34	☽⚺♀	g
7 Th	02 51	☽⚼♅	b
	04 00	☽□☿	B
	11 16	☽⚹♂	G
	13 59	☽∥♆	D
	21 05	♀⊥♂	

	23 37	☽⚹☉	G
8	01 22	☽⚼♄	b
Fr	04 09	☿△♃	
	18 31	☽∠♂	b
	23 24	☽∥♀	G
9	01 05	☽□♇	B
Sa	03 35	☽♏	
	05 28	☽⋕♃	G
	05 41	☽∥♄	B
	06 33	☽△♄	G
	07 17	☽∠☉	b
	14 24	☽☌♀	G
	15 41	☽☍♃	B
	17 46	☽⚹☿	G
	22 19	☽⚼♆	b
10	00 46	☽⚺♂	g
Su	03 35	♀☍♃	
	04 32	☽⋕♅	B
	13 48	☽⚺☉	g
	17 03	☽☍♅	B
	22 35	☽∠☿	b
11	01 58	☽△♆	G
Mo	07 59	☽∥♂	B
	08 57	☽⚹♇	G
	10 27	☽∥☉	G
	11 07	☽∥♇	D
	11 11	♂±♃	
	11 11	☽↗	
	14 13	☽□♄	B
	19 12	☽∥☿	G
	19 17	☿⚹♀	
12	01 10	☉Q♄	
Tu	02 03	☽⚺☿	g
	02 35	☽⚺♀	g
	06 21	☉∇♅	
	10 05	☽☌♂	B
	10 34	♀⋕♃	
	11 35	☽∠♇	b
	12 40	♀∥♄	
	17 55	☉∥♇	
	23 32	☽☌☉	D
13	00 21	☽⚼♃	b
We	03 34	♀⚼♆	

	06 48	☽□♆	B
	07 07	☽∠♀	b
	07 08	☿Stat	
	10 04	☉⚼♃	
	13 31	☽⚺♇	g
	15 16	♂∠♇	
	15 31	☽♑	
	18 39	☽⚹♄	G
	23 49	☽⚼♅	b
14	01 51	☽△♃	G
Th	05 47	☽☌☿	G
	10 55	☽⚹♀	G
	16 09	☽⚺♂	g
	20 04	☽∠♄	b
15	01 00	☽△♅	G
Fr	03 09	☉⊥♇	
	06 15	☽⚺☉	g
	09 27	☽⚹♆	G
	16 04	☽☌♇	D
	17 56	☽♒	
	18 34	☽∠♂	b
	18 57	♃⋕♄	
	19 11	☉∥☿	
	21 13	☽⚺♄	g
16	03 52	☽□♃	B
Sa	05 24	☽∥☉	G
	06 17	☽∥☿	G
	06 42	☽⚺☿	g
	06 44	☽∥♇	D
	06 46	☽∥♂	B
	08 20	♂∥♇	
	09 08	☽∠☉	b
	10 27	☽∠♆	b
	11 44	☿∥♂	
	12 52	☿∥♇	
	17 33	☽□♀	B
	20 52	☽⚹♂	G
17	02 53	☽□♅	B
Su	03 43	☉□♆	
	06 36	☽∠☿	b
	10 55	☽⋕♅	B
	11 28	☽⚺♆	g
	12 04	☽⚹☉	G

	18 11	☽⚺♇	g
	19 58	☽♓	
	23 27	☽∥♀	G
	23 28	☉±♅	
	23 32	☽☌♄	B
18	05 49	☽⚹♃	G
Mo	06 21	☽⚹☿	G
	07 48	☽⋕♃	G
	07 57	☽∥♄	B
	14 28	☿△♃	
	19 29	☽∠♇	b
19	00 30	☽△♀	G
Tu	01 25	♀Q♇	
	01 58	☽□♂	B
	05 14	☽⚹♅	G
	07 07	☽∠♃	b
	14 07	☽☌♆	D
	16 06	☿⚼♅	
	17 51	☽∥♆	D
	18 39	☽□☉	B
	21 03	☽⚹♇	G
	22 47	☽♈	
20	02 41	☽⚺♄	g
We	04 29	☽⚼♀	b
	05 42	☽□☿	B
	06 50	☽∠♅	b
	08 42	☽⚺♃	g
	12 04	☿∠♀	
	16 45	☽⋕♆	D
	18 38	♀⚺♂	
	21 16	☉∥♂	
21	04 39	☉⚺♇	
Th	04 44	☽∠♄	b
	07 04	♀☍♅	
	08 23	☽△♂	G
	08 44	☽⚺♅	g
	12 33	☿⚹♄	
	14 44	♂∇♅	
	17 59	☽⚺♆	g
22	01 11	☽□♇	B
Fr	02 47	☽△☉	G
	02 50	☽♉	
	03 05	☽⋕♄	B

	03 27	☉♑	
	03 34	☽∥♃	G
	05 21	☽△☿	G
	07 08	☽⚹♄	G
	12 11	☽⚼♂	b
	12 53	☽☌♃	G
	17 44	♂Q♄	
	18 54	☉☌☿	
	19 32	☽⋕♀	G
	20 25	☽∠♆	b
23	00 54	♂⚼♃	
Sa	01 24	☽∥♅	B
	05 27	☽⚼☿	b
	06 17	☿↗	
	07 29	☽⚼☉	b
	13 33	☽☌♅	B
	19 04	☽☍♀	B
	19 47	☽⋕☿	G
	21 51	☿⚺♇	
	23 12	☽⚹♆	G
24	00 40	☿⊥♀	
Su	06 40	☽△♇	G
	07 29	☽⋕♇	D
	08 15	☽♊	
	09 57	☽⋕☉	G
	11 32	☽⋕♂	B
	12 58	☽□♄	B
	17 28	☉⚹♄	
	18 28	☽⚺♃	g
25	09 59	☽⚼♇	b
Mo	17 15	♀△♆	
	19 51	☽⚺♅	g
	21 52	☽∠♃	b
26	02 08	☽☍♂	B
Tu	05 57	☽□♆	B
	07 55	☽☍☿	B
	10 13	♂⊥♇	
	11 18	☿⚺♀	
	13 49	☉⚼♅	
	15 15	☽♋	
	20 07	☿±♅	
	20 23	♀⋕♅	
	20 30	☽△♄	G

	23 41	☽∠♅	b
27	00 33	☽☍☉	B
We	01 45	☽⚹♃	G
	07 43	☿□♆	
	14 20	☽⚼♀	b
	15 28	☉△♃	
28	00 31	☿☌♂	
Th	01 03	☽⚼♄	b
	04 04	☽⚹♅	G
	14 45	☽△♆	G
	22 12	☽△♀	G
	22 16	♂□♆	
	22 57	☽☍♇	B
29	00 23	☽☊	
Fr	06 01	♀⚹♇	
	09 06	☽⋕♂	B
	11 17	☽□♃	B
	11 29	♂±♅	
	11 30	☿⊥♇	
	13 51	☽⋕☉	G
	15 22	☽⋕♇	D
	16 21	☽⚼☿	b
	20 04	☽⚼♆	b
	20 24	♀↗	
	21 27	☽⚼♂	b
30	09 22	☽⋕☿	G
Sa	14 39	☽□♅	B
	18 48	☽⋕♀	G
	21 00	☽△☿	G
	23 51	☽⚼☉	b
31	00 58	☽∥♅	B
Su	02 40	♃Stat	
	05 18	☽△♂	G
	11 53	☽♍	
	16 23	☽□♀	B
	18 24	☽☍♄	B
	23 10	☽△♃	G

Longitudes of Chiron, 4 larger asteroids, and the Black Moon Lilith 2023

		Chiron ⚷	Ceres ⚳	Pallas ⚴	Juno ⚵	Vesta ⚶	BML ⚸
J	01	11♈58	03♎16	20♋40R	24♓47	14♓13	29♋12
A	11	12♈06	05♎06	17♋19R	29♓11	18♓13	00♌20
N	21	12♈19	06♎21	14♋12R	03♈53	22♓23	01♌27
	31	12♈37	06♎56	11♋53R	08♈51	26♓39	02♌34
F	01	12♈39	06♎57	11♋42R	09♈21	27♓05	02♌41
E	11	13♈02	06♎45R	10♋35R	14♈32	01♈27	03♌48
B	21	13♈29	05♎50R	10♋34	19♈54	05♈53	04♌55
	31	13♈59	04♎16R	11♋33	25♈24	10♈23	06♌03
M	01	13♈52	04♎37R	11♋17	24♈18	09♈29	05♌49
A	11	14♈24	02♎39R	12♋57	29♈54	14♈00	06♌56
R	21	14♈58	00♎23R	15♋19	05♉36	18♈32	08♌04
	31	15♈33	28♍08R	18♋14	11♉23	23♈05	09♌11
A	01	15♈36	27♍55R	18♋33	11♉58	23♈33	09♌18
P	11	16♈12	26♍00R	21♋55	17♉48	28♈05	10♌25
R	21	16♈46	24♍38R	25♋36	23♉41	02♉38	11♌32
	31	17♈20	23♍55R	29♋31	29♉35	07♉08	12♌39
M	01	17♈20	23♍55R	29♋31	29♉35	07♉08	12♌39
A	11	17♈52	23♍53	03♌37	05♊29	11♉37	13♌46
Y	21	18♈22	24♍32	07♌50	11♊23	16♉03	14♌54
	31	18♈48	25♍46	12♌10	17♊15	20♉27	16♌01
J	01	18♈51	25♍56	12♌37	17♊50	20♉53	16♌08
U	11	19♈13	27♍45	17♌02	23♊39	25♉12	17♌15
N	21	19♈31	00♎00	21♌30	29♊26	29♉27	18♌22
	31	19♈45	02♎39	26♌01	05♋09	03♊37	19♌29

		Chiron ⚷	Ceres ⚳	Pallas ⚴	Juno ⚵	Vesta ⚶	BML ⚸
J	01	19♈45	02♎39	26♌01	05♋09	03♊37	19♌29
U	11	19♈54	05♎36	00♍33	10♋47	07♊41	20♌36
L	21	19♈58	08♎49	05♍07	16♋21	11♊38	21♌43
	31	19♈56R	12♎15	09♍42	21♋49	15♊27	22♌51
A	01	19♈56R	12♎36	10♍10	22♋22	15♊49	22♌57
U	11	19♈49R	16♎14	14♍45	27♋43	19♊27	24♌04
G	21	19♈36R	20♎01	19♍21	02♌58	22♊54	25♌11
	31	19♈20R	23♎56	23♍57	08♌05	26♊07	26♌19
S	01	19♈18R	24♎20	24♍24	08♌35	26♊25	26♌25
E	11	18♈57R	28♎21	29♍00	13♌33	29♊20	27♌32
P	21	18♈33R	02♏28	03♎35	18♌22	01♋54	28♌39
	31	18♈07R	06♏38	08♎09	22♌59	04♋05	29♌46
O	01	18♈07R	06♏38	08♎09	22♌59	04♋05	29♌46
C	11	17♈40R	10♏51	12♎41	27♌25	05♋48	00♍53
T	21	17♈13R	15♏07	17♎13	01♍38	06♋57	02♍00
	31	16♈47R	19♏24	21♎41	05♍35	07♋29	03♍07
N	01	16♈45R	19♏50	22♎08	05♍57	07♋30	03♍14
O	11	16♈21R	24♏07	26♎34	09♍35	07♋15R	04♍21
V	21	16♈01R	28♏25	00♏55	12♍52	06♋15R	05♍28
	31	15♈45R	02♐41	05♏12	15♍44	04♋33R	06♍35
D	01	15♈45R	02♐41	05♏12	15♍44	04♋33R	06♍35
E	11	15♈34R	06♐55	09♏23	18♍09	02♋18R	07♍41
C	21	15♈28R	11♐07	13♏27	20♍01	29♊43R	08♍48
	31	15♈28	15♐14	17♏23	21♍16	27♊07R	09♍55

DISTANCES APART OF ALL ☌s AND ☍s IN 2023

Note: The Distances Apart are in Declination

JANUARY

1	05 25	♀ ☌ ♇	0 51
1	21 52	☽ ☌ ♅	0 38
3	19 47	☽ ☌ ♂	0 31
6	23 08	☽ ☍ ☉	4 32
7	01 36	☽ ☍ ☿	7 14
7	12 57	☉ ☌ ☿	2 46
7	22 23	☽ ☍ ♇	2 35
8	16 52	☽ ☍ ♀	3 23
10	01 52	☽ ☍ ♄	3 27
12	13 21	☽ ☍ ♆	2 18
13	08 34	☽ ☍ ♃	1 40
16	15 17	☽ ☍ ♅	0 45
18	07 39	☽ ☍ ♂	0 25
18	14 44	☉ ☌ ♇	2 14
20	08 30	☽ ☌ ☿	6 56
21	15 52	☽ ☌ ♇	2 34
21	20 53	☽ ☌ ☉	4 50
22	22 13	♀ ☌ ♄	0 19
23	09 24	☽ ☌ ♄	3 22
23	10 19	☽ ☌ ♀	3 02
25	07 42	☽ ☌ ♆	2 13
26	03 18	☽ ☌ ♃	1 29
29	03 37	☽ ☌ ♅	0 51
31	04 27	☽ ☌ ♂	0 06

FEBRUARY

3	12 09	☽ ☍ ☿	4 58
4	06 19	☽ ☍ ♇	2 34
5	18 29	☽ ☍ ☉	4 42
6	14 15	☽ ☍ ♄	3 16
8	03 01	☽ ☍ ♀	2 23
8	20 40	☽ ☍ ♆	2 05
10	00 02	☽ ☍ ♃	1 12
10	17 16	☿ ☌ ♇	1 34
12	22 43	☽ ☍ ♅	1 01
15	02 06	☽ ☍ ♂	0 29
15	12 25	♀ ☌ ♆	0 01
16	16 48	☉ ☌ ♄	1 11
18	04 18	☽ ☌ ♇	2 37
18	22 35	☽ ☌ ☿	3 19
20	02 00	☽ ☌ ♄	3 12
20	07 06	☽ ☌ ☉	4 16
21	19 52	☽ ☌ ♆	2 01
22	09 26	☽ ☌ ♀	1 42
22	22 48	☽ ☌ ♃	0 58
25	12 24	☽ ☌ ♅	1 08
28	04 21	☽ ☌ ♂	1 03

MARCH

2	05 36	♀ ☌ ♃	0 27
2	14 34	☿ ☌ ♄	0 49
3	14 22	☽ ☍ ♇	2 39
6	03 18	☽ ☍ ♄	3 08
6	16 32	☽ ☍ ☿	2 03
7	12 40	☽ ☍ ☉	3 31
8	04 39	☽ ☍ ♆	1 57
9	17 27	☽ ☍ ♃	0 41
10	09 07	☽ ☍ ♀	0 50
12	05 43	☽ ☍ ♅	1 17
15	03 45	☽ ☍ ♂	1 44
15	23 39	☉ ☌ ♆	1 04
16	17 13	☿ ☌ ♆	0 21
17	10 45	☉ ☌ ☿	1 21
17	14 14	☽ ☌ ♇	2 42
19	17 28	☽ ☌ ♄	3 05
21	08 20	☽ ☌ ♆	1 56
21	17 23	☽ ☌ ☉	2 38
22	01 34	☽ ☌ ☿	1 29
22	20 17	☽ ☌ ♃	0 26
24	10 31	☽ ☌ ♀	0 06
24	23 52	☽ ☌ ♅	1 22
28	06 50	☿ ☌ ♃	1 11
28	13 19	☽ ☌ ♂	2 17
30	22 26	♀ ☌ ♅	1 10
30	22 46	☽ ☍ ♇	2 44

APRIL

2	16 44	☽ ☍ ♄	3 02
4	13 50	☽ ☍ ♆	1 54
6	04 34	☽ ☍ ☉	1 30
6	12 43	☽ ☍ ♃	0 09
7	17 53	☽ ☍ ☿	1 52
8	13 56	☽ ☍ ♅	1 28
9	09 09	☽ ☍ ♀	0 42
11	22 07	☉ ☌ ♃	0 59
12	09 03	☽ ☍ ♂	2 49
13	21 11	☽ ☌ ♇	2 44
16	05 58	☽ ☌ ♄	2 58
17	18 57	☽ ☌ ♆	1 53
19	17 27	☽ ☌ ♃	0 06
20	04 12	☽ ☌ ☉	0 22
21	08 05	☽ ☌ ☿	1 41
21	12 09	☽ ☌ ♅	1 31
23	12 43	☽ ☌ ♀	1 17
26	03 08	☽ ☌ ♂	3 12
27	07 13	☽ ☍ ♇	2 43
30	05 41	☽ ☍ ♄	2 53

MAY

1	23 28	☉ ☌ ☿	0 40
1	23 53	☽ ☍ ♆	1 51
4	09 17	☽ ☍ ♃	0 24
5	07 15	☽ ☍ ☿	0 41
5	17 34	☽ ☍ ☉	0 57
6	00 13	☽ ☍ ♅	1 35
9	02 20	☽ ☍ ♀	1 47
9	19 56	☉ ☌ ♅	0 18
10	16 38	☽ ☍ ♂	3 27
11	02 40	☽ ☌ ♇	2 39
13	15 12	☽ ☌ ♄	2 47
15	02 56	☽ ☌ ♆	1 48
17	12 47	☽ ☌ ♃	0 41
17	23 27	☽ ☌ ☿	3 06
18	23 28	☽ ☌ ♅	1 39
19	15 53	☽ ☌ ☉	2 07
21	03 12	♂ ☍ ♇	0 57
23	12 45	☽ ☌ ♀	2 11
24	15 04	☽ ☍ ♇	2 34
24	19 21	☽ ☌ ♂	3 34
27	16 53	☽ ☍ ♄	2 39
29	09 46	☽ ☍ ♆	1 43

JUNE

1	06 04	☽ ☍ ♃	1 00
2	06 53	☽ ☍ ☿	4 20
2	12 10	☽ ☍ ♅	1 44
4	03 42	☽ ☍ ☉	3 17
4	19 49	☿ ☌ ♅	2 38
5	16 05	♀ ☍ ♇	0 05
7	08 48	☽ ☌ ♇	2 29
7	11 39	☽ ☍ ♀	2 38
8	02 11	☽ ☍ ♂	3 33
9	22 16	☽ ☌ ♄	2 31
11	09 09	☽ ☌ ♆	1 38
14	05 40	☽ ☌ ♃	1 18
15	08 55	☽ ☌ ♅	1 49
16	19 12	☽ ☌ ☿	4 10
18	04 37	☽ ☌ ☉	4 07
20	21 43	☽ ☍ ♇	2 23
22	03 08	☽ ☌ ♀	3 22
22	12 41	☽ ☌ ♂	3 23
24	01 07	☽ ☍ ♄	2 22
25	18 20	☽ ☍ ♆	1 30
29	01 29	☽ ☍ ♃	1 40
30	00 22	☽ ☍ ♅	1 58

JULY

1	05 06	☉ ☌ ☿	1 16
3	11 39	☽ ☍ ☉	4 42
3	16 50	☽ ☍ ☿	3 16
4	16 45	☽ ☌ ♇	2 19
6	07 37	☽ ☍ ♀	4 39
6	13 42	☽ ☍ ♂	3 08
7	04 47	☽ ☌ ♄	2 15
8	15 21	☽ ☌ ♆	1 24
10	20 48	☿ ☍ ♇	0 48
11	20 04	☽ ☌ ♃	1 58
12	16 42	☽ ☌ ♅	2 05
17	18 32	☽ ☌ ☉	4 53
18	03 06	☽ ☍ ♇	2 16
19	11 23	☽ ☌ ☿	3 11
20	14 08	☽ ☌ ♀	6 52
20	20 39	♂ ☍ ♄	0 38
21	06 03	☽ ☍ ♄	2 08
21	06 36	☽ ☌ ♂	2 45
22	03 53	☉ ☍ ♇	2 38
23	01 00	☽ ☍ ♆	1 16
26	17 38	☽ ☍ ♃	2 19
27	11 10	☽ ☍ ♅	2 15
27	15 16	☿ ☌ ♀	4 46

AUGUST

1	02 13	☽ ☌ ♇	2 16
1	18 32	☽ ☍ ☉	4 45
2	02 18	☿ ☍ ♄	1 52
2	21 15	☽ ☍ ♀	9 44
3	11 52	☽ ☌ ♄	2 06
3	15 03	☽ ☍ ☿	4 06
4	03 15	☽ ☍ ♂	2 20
4	23 00	☽ ☌ ♆	1 12
8	08 11	☽ ☌ ♃	2 33
8	23 50	☽ ☌ ♅	2 22
13	11 16	☉ ☌ ♀	7 18
14	07 46	☽ ☍ ♇	2 16
16	00 44	☽ ☌ ♀	11 59
16	09 38	☽ ☌ ☉	4 16
17	08 32	☽ ☍ ♄	2 04
18	17 09	☽ ☌ ☿	5 44
19	00 57	☽ ☌ ♂	1 46
19	06 01	☽ ☍ ♆	1 08
22	20 34	♂ ☍ ♆	0 30
23	04 48	☽ ☍ ♃	2 49
23	19 19	☽ ☍ ♅	2 32
27	08 28	☉ ☍ ♄	1 40
28	11 49	☽ ☌ ♇	2 20
29	10 56	☽ ☍ ♀	12 03
30	19 33	☽ ☌ ♄	2 07
31	01 36	☽ ☍ ☉	3 34
31	19 28	☽ ☍ ☿	6 59

SEPTEMBER

1	08 13	☽ ☌ ♆	1 07
1	18 50	☽ ☍ ♂	1 13
4	18 06	☽ ☌ ♃	2 57
5	07 28	☽ ☌ ♅	2 36
6	11 09	☉ ☌ ☿	3 29
10	12 47	☽ ☍ ♇	2 23
11	19 32	☽ ☌ ♀	10 22
13	10 31	☽ ☍ ♄	2 10
13	22 04	☽ ☌ ☿	4 59
15	01 40	☽ ☌ ☉	2 37
15	10 30	☽ ☍ ♆	1 08
16	19 53	☽ ☌ ♂	0 32
19	10 16	☽ ☍ ♃	3 02
19	11 17	☉ ☍ ♆	1 10
20	00 46	☽ ☍ ♅	2 41
24	20 05	☽ ☌ ♇	2 27
26	08 47	☽ ☍ ♀	7 58
27	03 01	☽ ☌ ♄	2 16
28	06 18	☽ ☍ ☿	1 19
28	17 54	☽ ☌ ♆	1 10
29	09 57	☽ ☍ ☉	1 34
30	12 19	☽ ☍ ♂	0 06

OCTOBER

2	01 37	☽ ☌ ♃	3 01
2	15 34	☿ ☍ ♆	0 34
2	15 57	☽ ☌ ♅	2 41
7	19 12	☽ ☍ ♇	2 29
10	06 11	♀ ☍ ♄	3 16
10	14 06	☽ ☍ ♄	2 20
10	14 46	☽ ☌ ♀	5 32
12	15 42	☽ ☍ ♆	1 12
14	08 58	☽ ☌ ☿	0 33
14	17 55	☽ ☌ ☉	0 19
15	15 35	☽ ☌ ♂	0 51
16	11 31	☽ ☍ ♃	2 55
17	05 01	☽ ☍ ♅	2 39
20	05 38	☉ ☌ ☿	0 44
22	02 33	☽ ☌ ♇	2 29
24	09 34	☽ ☌ ♄	2 22
25	09 52	☽ ☍ ♀	3 07
26	02 22	☽ ☌ ♆	1 14
28	16 03	♂ ☍ ♃	1 16
28	20 24	☽ ☍ ☉	0 53
29	03 44	☿ ☍ ♃	1 32
29	06 37	☽ ☌ ♃	2 45
29	07 00	☽ ☍ ☿	1 13
29	07 30	☽ ☍ ♂	1 32
29	14 22	☿ ☌ ♂	0 19
30	00 36	☽ ☌ ♅	2 36

NOVEMBER

3	05 02	☉ ☍ ♃	1 20
3	22 06	♀ ☍ ♆	0 24
4	03 28	☽ ☍ ♇	2 28
4	16 07	☿ ☍ ♅	1 12
6	20 42	☽ ☍ ♄	2 23
8	22 20	☽ ☍ ♆	1 14
9	10 23	☽ ☌ ♀	0 49
11	21 11	♂ ☍ ♅	0 21
12	12 09	☽ ☍ ♃	2 34

Note: The Distances Apart are in Declination

13	09 27	☽ ☌ ☉	2 12	26	08 03	☽ ☌ ♅	2 30	10	03 35	♀ ☍ ♃	0 55	23	13 33	☽ ☌ ♅	2 31
13	10 05	☽ ☍ ♅	2 33	27	04 08	☽ ☍ ♂	2 53	10	17 03	☽ ☍ ♅	2 29	23	19 04	☽ ☍ ♀	4 32
13	12 18	☽ ☌ ♂	2 16	27	09 16	☽ ☍ ☉	3 18	12	10 05	☽ ☌ ♂	3 29	26	02 08	☽ ☍ ♂	3 53
13	17 21	☉ ☍ ♅	0 18	29	01 03	☽ ☍ ☿	2 07	12	23 32	☽ ☌ ☉	4 16	26	07 55	☽ ☍ ☿	7 23
14	14 04	☽ ☌ ☿	1 36	DECEMBER				14	05 47	☽ ☌ ☿	4 21	27	00 33	☽ ☍ ☉	4 47
18	05 42	☉ ☌ ♂	0 07					15	16 04	☽ ☌ ♇	2 14	28	00 31	☿ ☌ ♂	3 34
18	08 27	☽ ☌ ♇	2 24	1	13 07	☽ ☍ ♇	2 19	17	23 32	☽ ☌ ♄	2 07	28	22 57	☽ ☍ ♇	2 09
20	15 45	☽ ☌ ♄	2 20	4	06 26	☽ ☍ ♄	2 14	19	14 07	☽ ☌ ♆	1 02	31	18 24	☽ ☍ ♄	1 57
22	08 45	☽ ☌ ♆	1 12	6	06 17	☽ ☍ ♆	1 08	21	07 04	♀ ☍ ♅	1 49				
23	22 57	☽ ☍ ♀	1 13	9	14 24	☽ ☌ ♀	3 08	22	12 53	☽ ☌ ♃	2 15				
25	09 43	☽ ☌ ♃	2 24	9	15 41	☽ ☍ ♃	2 17	22	18 54	☉ ☌ ☿	2 09				

PHENOMENA IN 2023

d h	JANUARY
2 20	☿ in perihelion
4 16	⊕ in perihelion
6 03	☽ Max. Dec.27°N25′
8 09	☽ in Apogee
13 16	☽ Zero Dec.
20 05	☽ Max. Dec.27°S28′
21 13	♃ in perihelion
21 21	☽ in Perigee
26 06	☽ Zero Dec.
30 06	☿ Gt.Elong. 25 ° W.
	FEBRUARY
2 08	☽ Max. Dec.27°N31′
4 09	☽ in Apogee
5 11	☿ ☋
9 21	☽ Zero Dec.
15 20	☿ in aphelion
16 15	☽ Max. Dec.27°S38′
19 09	☽ in Perigee
22 15	☽ Zero Dec.
	MARCH
1 14	☽ Max. Dec.27°N43′
3 18	☽ in Apogee
9 02	☽ Zero Dec.
14 17	♀ ☊
15 22	☽ Max. Dec.27°S50′
19 15	☽ in Perigee
20 21	☉ enters ♈,Equinox
22 02	☽ Zero Dec.
27 03	☿ ☊
28 21	☽ Max. Dec.27°N54′
31 11	☽ in Apogee
31 20	☿ in perihelion
	APRIL
5 09	☽ Zero Dec.
11 22	☿ Gt.Elong. 20 ° E.
12 03	☽ Max. Dec.27°S57′
16 02	☽ in Perigee
17 13	♀ in perihelion
18 11	☽ Zero Dec.
20 04	● Ann.–tot. eclipse
25 06	☽ Max. Dec.27°N58′
28 07	☽ in Apogee

d h	MAY
2 17	☽ Zero Dec.
4 10	☿ ☋
5 18	☽ Total eclipse
9 09	☽ Max. Dec.27°S57′
11 05	☽ in Perigee
14 19	☿ in aphelion
15 18	☽ Zero Dec.
22 14	☽ Max. Dec.27°N55′
26 02	☽ in Apogee
29 06	☿ Gt.Elong. 25 ° W.
30 02	☽ Zero Dec.
30 21	♂ in aphelion
	JUNE
4 11	♀ Gt.Elong. 45 ° E.
5 16	☽ Max. Dec.27°S52′
6 23	☽ in Perigee
11 23	☽ Zero Dec.
18 21	☽ Max. Dec.27°N51′
21 15	☉ enters ♋,Solstice
22 19	☽ in Apogee
23 03	☿ ☊
26 09	☽ Zero Dec.
27 19	☿ in perihelion
	JULY
3 01	☽ Max. Dec.27°S51′
4 07	♀ ☋
4 23	☽ in Perigee
6 19	⊕ in aphelion
9 04	☽ Zero Dec.
16 03	☽ Max. Dec.27°N52′
20 07	☽ in Apogee
23 15	☽ Zero Dec.
30 11	☽ Max. Dec.27°S56′
31 09	☿ ☋
	AUGUST
2 06	☽ in Perigee
5 11	☽ Zero Dec.
8 00	♀ in aphelion
10 02	☿ Gt.Elong. 27 ° E.
10 18	☿ in aphelion
12 08	☽ Max. Dec.28°N00′
16 12	☽ in Apogee
19 21	☽ Zero Dec.
26 20	☽ Max. Dec.28°S06′
30 16	☽ in Perigee

d h	SEPTEMBER
1 20	☽ Zero Dec.
8 13	☽ Max. Dec.28°N11′
12 16	☽ in Apogee
16 02	☽ Zero Dec.
19 02	☿ ☊
22 13	☿ Gt.Elong. 17 ° W.
23 04	☽ Max. Dec.28°S16′
23 07	☉ enters ♎,Equinox
23 18	☿ in perihelion
28 01	☽ in Perigee
29 07	☽ Zero Dec.
	OCTOBER
5 21	☽ Max. Dec.28°N18′
10 04	☽ in Apogee
13 09	☽ Zero Dec.
14 18	● Annular eclipse
20 09	☽ Max. Dec.28°S19′
23 23	♀ Gt.Elong. 46 ° W.
25 10	♀ ☊
26 03	☽ in Perigee
26 17	☽ Zero Dec.
27 09	☿ ☋
28 20	☽ Partial eclipse
	NOVEMBER
2 05	☽ Max. Dec.28°N18′
6 15	♂ ☋
6 18	☿ in aphelion
6 22	☽ in Apogee
9 17	☽ Zero Dec.
16 15	☽ Max. Dec.28°S15′
21 21	☽ in Perigee
23 00	☽ Zero Dec.
28 13	♀ in perihelion
29 14	☽ Max. Dec.28°N12′
	DECEMBER
4 15	☿ Gt.Elong. 21 ° E.
4 19	☽ in Apogee
7 01	☽ Zero Dec.
13 22	☽ Max. Dec.28°S10′
16 01	☿ ☊
16 19	☽ in Perigee
20 05	☽ Zero Dec.
20 17	☿ in perihelion
22 03	☉ enters ♑,Solstice
26 22	☽ Max. Dec.28°N09′

LOCAL MEAN TIME OF SUNRISE FOR LATITUDES
60° North to 50° South
FOR ALL SUNDAYS IN 2023 (ALL TIMES ARE A.M.)

Date	Northern Latitudes									Southern Latitudes				
	LON-DON	60°	55°	50°	40°	30°	20°	10°	0°	10°	20°	30°	40°	50°
2022	h m	h m	h m	h m	h m	h m	h m	h m	h m	h m	h m	h m	h m	h m
Dec 25	8 5	9 3	8 25	7 57	7 19	6 53	6 32	6 13	5 56	5 38	5 19	4 57	4 30	3 49
2023														
Jan 1	8 5	9 2	8 25	7 58	7 21	6 56	6 35	6 16	6 0	5 42	5 24	5 2	4 34	3 55
8	8 3	8 57	8 22	7 56	7 21	6 56	6 36	6 19	6 2	5 46	5 28	5 7	4 41	4 3
15	7 59	8 48	8 15	7 52	7 20	6 56	6 37	6 21	6 5	5 49	5 33	5 13	4 48	4 12
22	7 52	8 36	8 7	7 46	7 17	6 55	6 37	6 22	6 8	5 53	5 37	5 19	4 56	4 23
29	7 43	8 21	7 56	7 38	7 11	6 52	6 36	6 22	6 9	5 56	5 42	5 26	5 4	4 35
Feb 5	7 32	8 4	7 43	7 28	7 5	6 47	6 34	6 22	6 10	5 59	5 46	5 31	5 14	4 48
12	7 20	7 46	7 29	7 16	6 57	6 43	6 31	6 21	6 11	6 0	5 50	5 37	5 22	5 1
19	7 7	7 28	7 14	7 4	6 48	6 36	6 26	6 18	6 10	6 2	5 53	5 43	5 30	5 13
26	6 52	7 8	6 57	6 50	6 38	6 30	6 22	6 15	6 10	6 3	5 56	5 48	5 38	5 25
Mar 5	6 37	6 47	6 41	6 35	6 27	6 22	6 16	6 12	6 8	6 3	5 59	5 53	5 46	5 37
12	6 22	6 26	6 23	6 21	6 16	6 13	6 11	6 9	6 7	6 4	6 1	5 58	5 53	5 48
19	6 5	6 5	6 5	6 5	6 5	6 5	6 5	6 4	6 4	6 4	6 3	6 2	6 1	6 0
26	5 49	5 44	5 48	5 50	5 54	5 57	5 59	6 0	6 2	6 3	6 5	6 7	6 9	6 11
Apr 2	5 34	5 23	5 30	5 35	5 43	5 48	5 53	5 57	6 0	6 3	6 7	6 11	6 15	6 22
9	5 18	5 2	5 13	5 20	5 31	5 40	5 47	5 52	5 58	6 3	6 9	6 15	6 22	6 33
16	5 3	4 41	4 55	5 5	5 21	5 33	5 41	5 49	5 57	6 3	6 11	6 19	6 30	6 43
23	4 48	4 21	4 39	4 52	5 11	5 25	5 36	5 46	5 55	6 3	6 13	6 23	6 36	6 54
30	4 34	4 1	4 22	4 39	5 2	5 18	5 31	5 43	5 53	6 4	6 15	6 28	6 44	7 5
May 7	4 21	3 43	4 8	4 27	4 53	5 12	5 27	5 40	5 53	6 5	6 18	6 33	6 50	7 15
14	4 10	3 25	3 55	4 16	4 46	5 7	5 24	5 39	5 52	6 6	6 21	6 36	6 57	7 24
21	4 0	3 10	3 43	4 7	4 40	5 3	5 22	5 38	5 53	6 8	6 23	6 41	7 3	7 34
28	3 52	2 56	3 33	3 59	4 35	5 1	5 20	5 37	5 53	6 9	6 26	6 45	7 9	7 42
Jun 4	3 46	2 46	3 26	3 54	4 32	4 58	5 19	5 37	5 54	6 11	6 28	6 49	7 14	7 50
11	3 43	2 38	3 22	3 51	4 30	4 58	5 19	5 38	5 56	6 13	6 31	6 52	7 18	7 55
18	3 42	2 36	3 20	3 50	4 30	4 58	5 20	5 39	5 57	6 14	6 33	6 55	7 21	7 58
25	3 44	2 37	3 22	3 52	4 32	5 0	5 22	5 41	5 59	6 16	6 34	6 56	7 22	8 0
Jul 2	3 47	2 42	3 26	3 55	4 35	5 3	5 24	5 43	6 0	6 18	6 35	6 56	7 22	7 59
9	3 53	2 52	3 33	4 1	4 39	5 5	5 26	5 45	6 1	6 18	6 35	6 56	7 21	7 56
16	4 1	3 4	3 42	4 8	4 44	5 9	5 29	5 47	6 2	6 18	6 35	6 54	7 18	7 51
23	4 10	3 19	3 53	4 17	4 50	5 13	5 32	5 48	6 2	6 18	6 33	6 51	7 13	7 43
30	4 20	3 35	4 5	4 26	4 56	5 17	5 35	5 49	6 2	6 16	6 31	6 47	7 7	7 34
Aug 6	4 30	3 52	4 17	4 35	5 3	5 22	5 37	5 50	6 2	6 14	6 27	6 42	6 59	7 24
13	4 41	4 8	4 30	4 46	5 9	5 26	5 39	5 50	6 1	6 12	6 23	6 35	6 51	7 12
20	4 52	4 25	4 43	4 56	5 16	5 30	5 41	5 51	6 0	6 9	6 18	6 28	6 42	6 59
27	5 4	4 42	4 56	5 7	5 23	5 34	5 43	5 51	5 58	6 5	6 12	6 21	6 32	6 45
Sep 3	5 15	4 58	5 9	5 17	5 29	5 37	5 45	5 50	5 56	6 1	6 7	6 13	6 21	6 31
10	5 26	5 15	5 22	5 27	5 36	5 41	5 46	5 50	5 53	5 57	6 0	6 4	6 10	6 15
17	5 37	5 31	5 35	5 38	5 42	5 45	5 48	5 49	5 51	5 52	5 54	5 56	5 58	6 0
24	5 48	5 48	5 48	5 48	5 49	5 49	5 49	5 49	5 48	5 48	5 48	5 47	5 47	5 45
Oct 1	6 0	6 4	6 1	5 59	5 56	5 53	5 50	5 48	5 46	5 44	5 41	5 38	5 35	5 29
8	6 11	6 21	6 15	6 10	6 2	5 57	5 52	5 48	5 44	5 40	5 36	5 30	5 24	5 14
15	6 23	6 38	6 28	6 21	6 10	6 1	5 54	5 48	5 42	5 36	5 29	5 22	5 13	5 0
22	6 35	6 56	6 43	6 33	6 18	6 6	5 57	5 48	5 41	5 33	5 25	5 14	5 3	4 45
29	6 47	7 13	6 56	6 44	6 25	6 11	6 0	5 49	5 40	5 30	5 20	5 8	4 53	4 32
Nov 5	7 0	7 31	7 11	6 56	6 33	6 16	6 3	5 51	5 40	5 28	5 16	5 2	4 44	4 20
12	7 12	7 50	7 25	7 7	6 41	6 22	6 7	5 53	5 40	5 27	5 14	4 57	4 38	4 9
19	7 24	8 7	7 39	7 18	6 49	6 28	6 11	5 56	5 41	5 27	5 12	4 54	4 31	3 59
26	7 35	8 24	7 52	7 29	6 56	6 33	6 15	5 59	5 43	5 28	5 11	4 52	4 27	3 53
Dec 3	7 45	8 38	8 3	7 39	7 4	6 39	6 20	6 2	5 46	5 29	5 12	4 51	4 25	3 47
10	7 54	8 50	8 13	7 46	7 10	6 45	6 24	6 5	5 48	5 31	5 13	4 52	4 24	3 45
17	8 1	8 59	8 20	7 53	7 16	6 49	6 28	6 10	5 52	5 35	5 15	4 53	4 26	3 45
24	8 4	9 3	8 24	7 57	7 19	6 53	6 32	6 13	5 56	5 38	5 19	4 57	4 29	3 48
31	8 5	9 2	8 25	7 58	7 21	6 55	6 34	6 16	5 59	5 41	5 23	5 1	4 33	3 54
2024														
Jan 7	8 4	8 58	8 23	7 57	7 21	6 56	6 36	6 19	6 2	5 46	5 27	5 6	4 40	4 1

Example: To find the time of Sunrise in Jamaica (Latitude 18°N) on Friday, June 23, 2023. On June 18 L.M.T. = 5h.20m. + 2/10 x 19m. = 5h.24m., on June 26 L.M.T. = 5h.22m. + 2/10 x 19m. = 5h.26m. therefore L.M.T. on June 23 = 5h.24m. + 5/7 x 2m. = 5h.25m. A.M.

LOCAL MEAN TIME OF SUNSET FOR LATITUDES
60° North to 50° South
FOR ALL SUNDAYS IN 2023 (ALL TIMES ARE P.M.)

Date	Northern Latitudes									Southern Latitudes				
	LON-DON	60°	55°	50°	40°	30°	20°	10°	0°	10°	20°	30°	40°	50°
2022	h m	h m	h m	h m	h m	h m	h m	h m	h m	h m	h m	h m	h m	h m
Dec 25	3 55	2 57	3 35	4 3	4 40	5 6	5 27	5 46	6 3	6 21	6 40	7 2	7 30	8 11
2023														
Jan 1	4 1	3 4	3 42	4 8	4 45	5 11	5 31	5 50	6 7	6 24	6 43	7 5	7 32	8 12
8	4 9	3 16	3 52	4 17	4 51	5 16	5 36	5 53	6 10	6 26	6 45	7 5	7 31	8 9
15	4 19	3 31	4 3	4 26	4 58	5 22	5 40	5 57	6 12	6 28	6 45	7 5	7 29	8 4
22	4 31	3 47	4 16	4 37	5 6	5 28	5 46	6 0	6 15	6 30	6 45	7 3	7 26	7 58
29	4 43	4 6	4 30	4 49	5 15	5 34	5 49	6 3	6 16	6 30	6 44	7 0	7 20	7 49
Feb 5	4 56	4 23	4 44	5 1	5 23	5 40	5 53	6 6	6 17	6 28	6 41	6 56	7 13	7 39
12	5 8	4 42	5 0	5 13	5 31	5 46	5 58	6 8	6 18	6 27	6 38	6 50	7 6	7 27
19	5 22	5 1	5 14	5 25	5 40	5 51	6 0	6 9	6 17	6 25	6 33	6 44	6 56	7 13
26	5 34	5 18	5 28	5 37	5 48	5 57	6 3	6 10	6 16	6 22	6 29	6 36	6 46	6 59
Mar 5	5 47	5 37	5 43	5 48	5 56	6 1	6 6	6 11	6 14	6 19	6 23	6 29	6 35	6 45
12	5 59	5 54	5 57	6 0	6 3	6 6	6 9	6 11	6 13	6 15	6 18	6 21	6 24	6 30
19	6 11	6 11	6 11	6 11	6 11	6 11	6 11	6 11	6 11	6 11	6 11	6 12	6 13	6 15
26	6 22	6 28	6 24	6 22	6 18	6 14	6 12	6 11	6 9	6 7	6 5	6 4	6 2	6 0
Apr 2	6 34	6 45	6 38	6 33	6 24	6 19	6 14	6 11	6 7	6 3	6 0	5 56	5 51	5 45
9	6 46	7 3	6 52	6 44	6 32	6 23	6 16	6 10	6 4	6 0	5 53	5 48	5 40	5 29
16	6 57	7 19	7 6	6 55	6 39	6 27	6 18	6 11	6 3	5 56	5 48	5 39	5 29	5 15
23	7 9	7 37	7 19	7 6	6 46	6 32	6 21	6 11	6 1	5 52	5 43	5 33	5 19	5 2
30	7 21	7 54	7 32	7 17	6 53	6 36	6 23	6 11	6 0	5 50	5 38	5 26	5 10	4 49
May 7	7 32	8 12	7 46	7 27	7 0	6 41	6 25	6 12	6 0	5 48	5 35	5 20	5 2	4 38
14	7 43	8 28	7 59	7 38	7 7	6 45	6 28	6 13	6 0	5 46	5 31	5 15	4 55	4 27
21	7 53	8 45	8 11	7 47	7 13	6 50	6 31	6 15	6 0	5 45	5 29	5 12	4 49	4 18
28	8 3	9 0	8 22	7 55	7 19	6 54	6 34	6 16	6 0	5 45	5 28	5 8	4 45	4 11
Jun 4	8 11	9 12	8 31	8 3	7 24	6 57	6 36	6 19	6 1	5 45	5 27	5 7	4 42	4 7
11	8 16	9 21	8 37	8 8	7 29	7 1	6 39	6 21	6 3	5 46	5 27	5 6	4 41	4 4
18	8 20	9 26	8 42	8 12	7 31	7 3	6 41	6 22	6 4	5 47	5 28	5 7	4 41	4 3
25	8 22	9 27	8 43	8 13	7 32	7 5	6 43	6 23	6 6	5 48	5 30	5 9	4 42	4 5
Jul 2	8 20	9 24	8 41	8 12	7 32	7 5	6 44	6 24	6 8	5 50	5 32	5 12	4 45	4 8
9	8 16	9 16	8 37	8 8	7 30	7 4	6 44	6 25	6 9	5 52	5 35	5 14	4 50	4 14
16	8 10	9 5	8 29	8 3	7 27	7 2	6 43	6 25	6 10	5 53	5 37	5 18	4 54	4 21
23	8 2	8 52	8 19	7 55	7 22	6 59	6 41	6 24	6 10	5 55	5 39	5 22	5 0	4 30
30	7 52	8 36	8 7	7 46	7 16	6 55	6 38	6 23	6 10	5 57	5 42	5 26	5 6	4 39
Aug 6	7 40	8 18	7 53	7 34	7 8	6 49	6 34	6 22	6 9	5 57	5 45	5 30	5 13	4 48
13	7 27	8 0	7 38	7 22	6 59	6 43	6 30	6 19	6 8	5 58	5 47	5 34	5 19	4 58
20	7 13	7 40	7 22	7 9	6 50	6 36	6 25	6 15	6 7	5 58	5 48	5 38	5 26	5 8
27	6 58	7 19	7 6	6 55	6 39	6 28	6 20	6 12	6 4	5 58	5 50	5 42	5 32	5 18
Sep 3	6 43	6 58	6 48	6 40	6 28	6 21	6 13	6 8	6 2	5 57	5 52	5 46	5 38	5 28
10	6 26	6 37	6 31	6 25	6 18	6 12	6 8	6 3	6 0	5 57	5 53	5 49	5 45	5 39
17	6 11	6 16	6 12	6 10	6 6	6 3	6 1	5 59	5 58	5 56	5 54	5 53	5 51	5 49
24	5 54	5 54	5 54	5 54	5 54	5 54	5 54	5 55	5 55	5 56	5 56	5 57	5 58	6 0
Oct 1	5 38	5 34	5 37	5 39	5 42	5 46	5 48	5 50	5 52	5 55	5 58	6 1	6 5	6 11
8	5 23	5 13	5 19	5 24	5 31	5 37	5 42	5 47	5 50	5 55	6 0	6 5	6 12	6 22
15	5 7	4 52	5 2	5 9	5 21	5 29	5 37	5 43	5 49	5 55	6 2	6 10	6 19	6 33
22	4 52	4 32	4 45	4 55	5 11	5 22	5 31	5 39	5 48	5 56	6 4	6 14	6 27	6 44
29	4 39	4 12	4 30	4 42	5 2	5 15	5 27	5 37	5 47	5 57	6 7	6 20	6 34	6 56
Nov 5	4 26	3 55	4 15	4 30	4 53	5 10	5 24	5 36	5 47	5 59	6 11	6 25	6 43	7 7
12	4 15	3 37	4 2	4 20	4 46	5 5	5 21	5 35	5 48	6 0	6 14	6 31	6 51	7 19
19	4 6	3 22	3 50	4 11	4 41	5 2	5 19	5 35	5 48	6 3	6 19	6 36	6 59	7 31
26	3 58	3 10	3 42	4 5	4 37	5 0	5 19	5 35	5 50	6 6	6 23	6 43	7 7	7 42
Dec 3	3 53	3 0	3 35	4 0	4 34	5 0	5 19	5 37	5 53	6 10	6 27	6 48	7 15	7 52
10	3 50	2 54	3 32	3 58	4 34	5 0	5 21	5 39	5 56	6 13	6 32	6 54	7 21	8 1
17	3 51	2 53	3 32	3 58	4 36	5 3	5 24	5 42	6 0	6 17	6 36	6 58	7 26	8 6
24	3 54	2 56	3 34	4 1	4 39	5 5	5 27	5 46	6 3	6 21	6 39	7 1	7 29	8 10
31	3 59	3 3	3 41	4 7	4 44	5 10	5 31	5 49	6 7	6 23	6 43	7 4	7 31	8 12
2024 Jan 7	4 7	3 14	3 49	4 15	4 50	5 15	5 36	5 53	6 10	6 26	6 45	7 5	7 31	8 10

Example: To find the time of Sunset in Canberra (Latitude 35.3°S) on Friday, July 14, 2023. On July 9 L.M.T. = 5h.14m. - 5.3/10 x 24m. = 5h.01m., on July 16 L.M.T. = 5h.18m. - 5.3/10 x 23m. = 5h.05m. so L.M.T. on July 14 = 5h.01m. + 5/7 x 4 m. = 5h.04m. P.M.

Sidereal Time H. M. S.	10 ♈ °	11 ♉ °	12 ♊ °	Ascen ♋ ° ′	2 ♌ °	3 ♍ °
0 0 0	0	9	22	26 36	13	3
0 3 40	1	10	23	27 16	13	3
0 7 20	2	11	24	27 56	14	4
0 11 1	3	12	25	28 36	15	5
0 14 41	4	13	26	29 16	15	6
0 18 21	5	14	27	29 56	16	7
0 22 2	6	15	28	0♌36	17	8
0 25 43	7	16	29	1 16	18	8
0 29 23	8	17	29	1 56	18	9
0 33 4	9	18	♋	2 35	19	10
0 36 45	10	19	1	3 15	20	11
0 40 27	11	21	2	3 55	21	12
0 44 8	12	22	3	4 34	21	13
0 47 50	13	23	4	5 13	22	13
0 51 32	14	24	4	5 53	23	14
0 55 15	15	25	5	6 33	23	15
0 58 58	16	26	6	7 12	24	16
1 2 41	17	27	7	7 52	25	17
1 6 24	18	28	8	8 31	26	18
1 10 8	19	29	9	9 11	26	19
1 13 52	20	♊	9	9 50	27	19
1 17 36	21	1	10	10 30	28	20
1 21 21	22	2	11	11 9	29	21
1 25 7	23	3	12	11 49	29	22
1 28 53	24	4	12	12 29	♍	23
1 32 39	25	5	13	13 8	1	24
1 36 26	26	6	14	13 48	1	25
1 40 13	27	7	15	14 28	2	25
1 44 1	28	8	16	15 8	3	26
1 47 50	29	9	16	15 48	4	27
1 51 39	30	10	17	16 28	4	28

Sidereal Time H. M. S.	10 ♉ °	11 ♊ °	12 ♋ °	Ascen ♌ ° ′	2 ♍ °	3 ♍ °
1 51 39	0	10	17	16 28	4	28
1 55 28	1	11	18	17 8	5	29
1 59 18	2	12	19	17 48	6	♎
2 3 9	3	13	20	18 29	7	1
2 7 0	4	14	20	19 9	8	2
2 10 52	5	15	21	19 50	8	3
2 14 45	6	15	22	20 30	9	3
2 18 38	7	16	23	21 11	10	4
2 22 32	8	17	23	21 52	11	5
2 26 27	9	18	24	22 33	11	6
2 30 22	10	19	25	23 14	12	7
2 34 18	11	20	26	23 55	13	8
2 38 15	12	21	27	24 36	14	9
2 42 12	13	22	27	25 18	14	10
2 46 10	14	23	28	25 59	15	11
2 50 9	15	24	29	26 41	16	12
2 54 8	16	25	♌	27 23	17	12
2 58 8	17	26	1	28 4	18	13
3 2 9	18	27	1	28 47	18	14
3 6 11	19	28	2	29 29	19	15
3 10 13	20	29	3	0♍11	20	16
3 14 16	21	♋	4	0 53	21	17
3 18 20	22	1	5	1 36	22	18
3 22 25	23	1	5	2 19	22	19
3 26 30	24	2	6	3 2	23	20
3 30 36	25	3	7	3 45	24	21
3 34 43	26	4	8	4 28	25	22
3 38 50	27	5	9	5 11	26	23
3 42 58	28	6	9	5 55	27	24
3 47 7	29	7	10	6 38	27	25
3 51 17	30	8	11	7 22	28	25

Sidereal Time H. M. S.	10 ♊ °	11 ♋ °	12 ♌ °	Ascen ♍ ° ′	2 ♍ °	3 ♎ °
3 51 17	0	8	11	7 22	28	25
3 55 27	1	9	12	8 6	29	26
3 59 38	2	10	13	8 50	♎	27
4 3 49	3	11	13	9 34	1	28
4 8 1	4	12	14	10 18	2	29
4 12 14	5	13	15	11 2	2	♏
4 16 27	6	14	16	11 47	3	1
4 20 41	7	14	17	12 31	4	2
4 24 56	8	15	17	13 16	5	3
4 29 11	9	16	18	14 1	6	4
4 33 27	10	17	19	14 46	7	5
4 37 43	11	18	20	15 31	8	6
4 42 0	12	19	21	16 16	8	7
4 46 17	13	20	22	17 1	9	8
4 50 35	14	21	22	17 46	10	9
4 54 53	15	22	23	18 32	11	10
4 59 11	16	23	24	19 17	12	11
5 3 30	17	24	25	20 3	13	12
5 7 50	18	25	26	20 48	14	13
5 12 9	19	26	27	21 34	14	13
5 16 29	20	27	28	22 20	15	14
5 20 49	21	28	28	23 6	16	15
5 25 10	22	29	29	23 52	17	16
5 29 31	23	29	♍	24 38	18	17
5 33 52	24	♌	1	25 24	19	18
5 38 13	25	1	2	26 10	20	19
5 42 34	26	2	3	26 56	20	20
5 46 55	27	3	4	27 42	21	21
5 51 17	28	4	4	28 28	22	22
5 55 38	29	5	5	29 14	23	23
6 0 0	30	6	6	0♎ 0	24	24

Sidereal Time H. M. S.	10 ♋ °	11 ♌ °	12 ♍ °	Ascen ♎ ° ′	2 ♎ °	3 ♏ °
6 0 0	0	6	6	0 0	24	24
6 4 22	1	7	7	0 46	25	25
6 8 43	2	8	8	1 32	26	26
6 13 5	3	9	9	2 18	26	27
6 17 26	4	10	10	3 4	27	28
6 21 47	5	11	10	3 50	28	29
6 26 8	6	12	11	4 36	29	♐
6 30 29	7	13	12	5 22	♏	1
6 34 50	8	14	13	6 8	1	1
6 39 11	9	15	14	6 54	2	2
6 43 31	10	16	15	7 40	2	3
6 47 51	11	17	16	8 26	3	4
6 52 10	12	17	16	9 12	4	5
6 56 30	13	18	17	9 57	5	6
7 0 49	14	19	18	10 43	6	7
7 5 7	15	20	19	11 28	7	8
7 9 25	16	21	20	12 14	8	9
7 13 43	17	22	21	12 59	8	10
7 18 0	18	23	22	13 44	9	11
7 22 17	19	24	22	14 29	10	12
7 26 33	20	25	23	15 14	11	13
7 30 49	21	26	24	15 59	12	14
7 35 4	22	27	25	16 44	13	15
7 39 19	23	28	26	17 29	13	16
7 43 33	24	29	27	18 13	14	16
7 47 46	25	♍	28	18 58	15	17
7 51 59	26	1	28	19 42	16	18
7 56 11	27	2	29	20 26	17	19
8 0 22	28	3	♎	21 10	17	20
8 4 33	29	4	1	21 54	18	21
8 8 43	30	5	2	22 38	19	22

Sidereal Time H. M. S.	10 ♌ °	11 ♍ °	12 ♎ °	Ascen ♎ ° ′	2 ♏ °	3 ♐ °
8 8 43	0	5	2	22 38	19	22
8 12 53	1	5	3	23 22	20	23
8 17 2	2	6	3	24 5	21	24
8 21 10	3	7	4	24 49	21	25
8 25 17	4	8	5	25 32	22	26
8 29 24	5	9	6	26 15	23	27
8 33 30	6	10	7	26 58	24	28
8 37 35	7	11	8	27 41	25	29
8 41 40	8	12	8	28 24	25	29
8 45 44	9	13	9	29 7	26	♑
8 49 47	10	14	10	29 49	27	1
8 53 49	11	15	11	0♏31	28	2
8 57 51	12	16	12	1 13	29	3
9 1 52	13	17	12	1 56	29	4
9 5 52	14	18	13	2 37	♐	5
9 9 51	15	18	14	3 19	1	6
9 13 50	16	19	15	4 1	2	7
9 17 48	17	20	16	4 42	3	8
9 21 45	18	21	16	5 24	3	9
9 25 42	19	22	17	6 5	4	10
9 29 38	20	23	18	6 46	5	11
9 33 33	21	24	19	7 27	6	12
9 37 28	22	25	19	8 8	7	13
9 41 22	23	26	20	8 49	7	14
9 45 15	24	27	21	9 30	8	15
9 49 8	25	27	22	10 10	9	15
9 53 0	26	28	22	10 51	10	16
9 56 51	27	29	23	11 31	10	17
10 0 42	28	♎	24	12 12	11	18
10 4 32	29	1	25	12 52	12	19
10 8 21	30	2	26	13 32	13	20

Sidereal Time H. M. S.	10 ♍ °	11 ♎ °	12 ♎ °	Ascen ♏ ° ′	2 ♐ °	3 ♑ °
10 8 21	0	2	26	13 32	13	20
10 12 10	1	3	26	14 12	14	21
10 15 59	2	4	27	14 52	14	22
10 19 47	3	5	28	15 32	15	23
10 23 34	4	5	29	16 12	16	24
10 27 21	5	6	29	16 52	17	25
10 31 7	6	7	♏	17 31	18	26
10 34 53	7	8	1	18 11	18	27
10 38 39	8	9	1	18 51	19	28
10 42 24	9	10	2	19 30	20	29
10 46 8	10	11	3	20 10	21	♒
10 49 52	11	11	4	20 49	21	1
10 53 36	12	12	4	21 29	22	2
10 57 19	13	13	5	22 8	23	3
11 1 2	14	14	6	22 48	24	4
11 4 45	15	15	7	23 27	25	5
11 8 28	16	16	7	24 7	26	6
11 12 10	17	17	8	24 47	26	7
11 15 52	18	17	9	25 26	27	8
11 19 33	19	18	9	26 6	28	9
11 23 15	20	19	10	26 45	29	11
11 26 56	21	20	11	27 25	♑	12
11 30 37	22	21	12	28 4	1	13
11 34 17	23	22	12	28 44	1	14
11 37 58	24	22	13	29 24	2	15
11 41 39	25	23	14	0♐ 4	3	16
11 45 19	26	24	15	0 44	4	17
11 48 59	27	25	15	1 24	5	18
11 52 40	28	26	16	2 4	6	19
11 56 20	29	27	17	2 44	7	20
12 0 0	30	27	17	3 24	8	21

Sidereal Time	10 ♎	11 ♎	12 ♏	Ascen ♐	2 ♑	3 ♒	Sidereal Time	10 ♏	11 ♏	12 ♐	Ascen ♐	2 ♒	3 ♓	Sidereal Time	10 ♐	11 ♐	12 ♑	Ascen ♑	2 ♓	3 ♉
H. M. S.	°	°	°	° '	°	°	H. M. S.	°	°	°	° '	°	°	H. M. S.	°	°	°	° '	°	°
12 0 0	0	27	17	3 24	8	21	13 51 39	0	22	9	25 24	10	27	15 51 17	0	18	5	27 23	26	6
12 3 40	1	28	18	4 5	8	22	13 55 28	1	23	10	26 14	11	28	15 55 27	1	19	6	28 50	28	7
12 7 20	2	29	19	4 45	9	24	13 59 18	2	24	11	27 4	12	♈	15 59 38	2	20	7	0♒19	♈	9
12 11 1	3	♏	20	5 26	10	25	14 3 9	3	25	12	27 56	13	1	16 3 49	3	21	8	1 50	2	10
12 14 41	4	1	20	6 7	11	26	14 7 0	4	25	13	28 48	15	2	16 8 1	4	22	10	3 24	3	11
12 18 21	5	2	21	6 48	12	27	14 10 52	5	26	13	29 41	16	4	16 12 14	5	23	11	5 0	5	12
12 22 2	6	2	22	7 29	13	28	14 14 45	6	27	14	0♑34	18	5	16 16 27	6	24	12	6 39	7	14
12 25 43	7	3	22	8 11	14	29	14 18 38	7	28	15	1 28	19	6	16 20 41	7	25	13	8 20	9	15
12 29 23	8	4	23	8 52	15	♓	14 22 32	8	29	16	2 23	20	7	16 24 56	8	26	14	10 4	11	16
12 33 4	9	5	24	9 34	16	2	14 26 27	9	♐	17	3 19	22	9	16 29 11	9	27	15	11 51	12	17
12 36 45	10	6	25	10 16	17	3	14 30 22	10	1	17	4 16	23	10	16 33 27	10	28	16	13 41	14	19
12 40 27	11	6	25	10 58	18	4	14 34 18	11	1	18	5 13	25	11	16 37 43	11	29	17	15 34	16	20
12 44 8	12	7	26	11 41	19	5	14 38 15	12	2	19	6 12	26	13	16 42 0	12	♑	18	17 30	18	21
12 47 50	13	8	27	12 23	20	6	14 42 12	13	3	20	7 11	28	14	16 46 17	13	1	20	19 28	20	22
12 51 32	14	9	27	13 6	21	7	14 46 10	14	4	21	8 12	29	15	16 50 35	14	1	21	21 30	21	23
12 55 15	15	10	28	13 50	22	9	14 50 9	15	5	22	9 13	♓	17	16 54 53	15	2	22	23 35	23	25
12 58 58	16	11	29	14 33	23	10	14 54 8	16	6	22	10 16	2	18	16 59 11	16	3	23	25 43	25	26
13 2 41	17	11	♐	15 17	24	11	14 58 8	17	7	23	11 20	4	19	17 3 30	17	4	24	27 54	27	27
13 6 24	18	12	0	16 1	25	12	15 2 9	18	7	24	12 25	6	21	17 7 50	18	6	26	0♓ 9	28	28
13 10 8	19	13	1	16 46	26	13	15 6 11	19	8	25	13 31	7	22	17 12 9	19	7	27	2 26	♉	29
13 13 52	20	14	2	17 31	28	15	15 10 13	20	9	26	14 39	9	23	17 16 29	20	8	28	4 46	2	♊
13 17 36	21	15	3	18 16	29	16	15 14 16	21	10	27	15 48	11	24	17 20 49	21	9	♒	7 8	3	2
13 21 21	22	16	3	19 2	♒	17	15 18 20	22	11	28	16 58	12	26	17 25 10	22	10	1	9 34	5	3
13 25 7	23	16	4	19 48	1	18	15 22 25	23	12	29	18 11	14	27	17 29 31	23	11	2	12 1	7	4
13 28 53	24	17	5	20 34	2	20	15 26 30	24	13	♑	19 24	16	28	17 33 52	24	12	4	14 31	8	5
13 32 39	25	18	6	21 21	3	21	15 30 36	25	14	1	20 39	17	♉	17 38 13	25	13	5	17 3	10	6
13 36 26	26	19	6	22 9	5	22	15 34 43	26	15	2	21 56	19	1	17 42 34	26	14	7	19 36	11	7
13 40 13	27	20	7	22 57	6	23	15 38 50	27	15	2	23 15	21	2	17 46 55	27	15	8	22 11	13	8
13 44 1	28	20	8	23 45	7	25	15 42 58	28	16	3	24 36	23	3	17 51 17	28	16	9	24 47	15	10
13 47 50	29	21	9	24 34	8	26	15 47 7	29	17	4	25 58	24	5	17 55 38	29	17	11	27 23	16	11
13 51 39	30	22	9	25 24	10	27	15 51 17	30	18	5	27 23	26	6	18 0 0	30	18	12	0♈ 0	18	12

Sidereal Time	10 ♑	11 ♑	12 ♒	Ascen ♈	2 ♉	3 ♊	Sidereal Time	10 ♒	11 ♒	12 ♈	Ascen ♊	2 ♊	3 ♋	Sidereal Time	10 ♓	11 ♈	12 ♉	Ascen ♋	2 ♋	3 ♌
H. M. S.	°	°	°	° '	°	°	H. M. S.	°	°	°	° '	°	°	H. M. S.	°	°	°	° '	°	°
18 0 0	0	18	12	0 0	18	12	20 8 43	0	24	4	2 37	25	12	22 8 21	0	3	20	4 36	21	8
18 4 22	1	19	14	2 37	19	13	20 12 53	1	25	6	4 2	26	13	22 12 10	1	4	22	5 26	21	9
18 8 43	2	20	15	5 13	21	14	20 17 2	2	27	7	5 24	27	14	22 15 59	2	5	23	6 15	22	10
18 13 5	3	22	17	7 49	22	15	20 21 10	3	28	9	6 45	28	15	22 19 47	3	7	24	7 3	23	10
18 17 26	4	23	19	10 24	23	16	20 25 17	4	29	11	8 4	28	15	22 23 34	4	8	25	7 51	24	11
18 21 47	5	24	20	12 57	25	17	20 29 24	5	♓	13	9 21	29	16	22 27 21	5	9	27	8 39	24	12
18 26 8	6	25	22	15 29	26	18	20 33 30	6	2	14	10 36	♋	17	22 31 7	6	10	28	9 26	25	13
18 30 29	7	26	23	17 59	28	19	20 37 35	7	3	16	11 49	1	18	22 34 53	7	12	29	10 12	26	14
18 34 50	8	27	25	20 26	29	20	20 41 40	8	4	18	13 2	2	19	22 38 39	8	13	♊	10 58	27	14
18 39 11	9	28	27	22 52	♊	21	20 45 44	9	6	19	14 12	3	20	22 42 24	9	14	1	11 44	27	15
18 43 31	10	29	28	25 14	2	22	20 49 47	10	7	21	15 21	4	21	22 46 8	10	15	2	12 29	28	16
18 47 51	11	♒	♓	27 34	3	23	20 53 49	11	8	23	16 29	5	22	22 49 52	11	17	4	13 14	29	17
18 52 10	12	2	2	29 51	4	24	20 57 51	12	9	24	17 35	6	23	22 53 36	12	18	5	13 59	♌	18
18 56 30	13	3	3	2♉ 6	6	26	21 1 52	13	11	26	18 40	7	23	22 57 19	13	19	6	14 43	0	19
19 0 49	14	4	5	4 17	7	27	21 5 52	14	12	28	19 44	8	24	23 1 2	14	20	7	15 27	1	19
19 5 7	15	5	7	6 25	8	28	21 9 51	15	13	29	20 47	8	25	23 4 45	15	21	8	16 10	2	20
19 9 25	16	7	9	8 30	9	29	21 13 50	16	15	♉	21 48	9	26	23 8 28	16	23	9	16 54	3	21
19 13 43	17	8	10	10 32	10	29	21 17 48	17	16	2	22 49	10	27	23 12 10	17	24	10	17 37	3	22
19 18 0	18	9	12	12 30	12	♋	21 21 45	18	17	4	23 48	11	28	23 15 52	18	25	11	18 19	4	23
19 22 17	19	10	14	14 26	13	1	21 25 42	19	19	5	24 47	12	29	23 19 33	19	26	12	19 2	5	24
19 26 33	20	11	16	16 19	14	2	21 29 38	20	20	7	25 44	13	29	23 23 15	20	27	13	19 44	5	24
19 30 49	21	13	18	18 9	15	3	21 33 33	21	21	8	26 41	13	♌	23 26 56	21	28	14	20 26	6	25
19 35 4	22	14	19	19 56	16	4	21 37 28	22	23	10	27 37	14	1	23 30 37	22	♉	15	21 8	7	26
19 39 19	23	15	21	21 40	17	5	21 41 22	23	24	11	28 32	15	2	23 34 17	23	1	16	21 49	8	27
19 43 33	24	16	23	23 21	18	6	21 45 15	24	25	12	29 26	16	3	23 37 58	24	2	17	22 31	8	28
19 47 46	25	18	25	25 0	19	7	21 49 8	25	26	14	0♋19	17	4	23 41 39	25	3	18	23 12	9	28
19 51 59	26	19	27	26 36	20	8	21 53 0	26	28	15	1 12	17	5	23 45 19	26	4	19	23 53	10	29
19 56 11	27	20	28	28 10	22	9	21 56 51	27	29	17	2 4	18	5	23 48 59	27	5	20	24 34	10	♍
20 0 22	28	21	♈	29 41	23	10	22 0 42	28	♈	18	2 56	19	6	23 52 40	28	6	21	25 15	11	1
20 4 33	29	23	2	1♊10	24	11	22 4 32	29	2	19	3 46	20	7	23 56 20	29	8	22	25 55	12	2
20 8 43	30	24	4	2 37	25	12	22 8 21	30	3	20	4 36	21	8	24 0 0	30	9	22	26 36	13	3

Sidereal Time	10	11	12	Ascen	2	3
	♈	♉	♊	♋	♌	♍
H. M. S.	°	°	°	° '	°	°
0 0 0	0	9	24	28 11	14	3
0 3 40	1	10	25	28 50	14	4
0 7 20	2	11	26	29 29	15	4
0 11 1	3	13	27	0♌ 9	16	5
0 14 41	4	14	28	0 47	16	6
0 18 21	5	15	29	1 26	17	7
0 22 2	6	16	29	2 5	18	8
0 25 43	7	17	♋	2 44	18	9
0 29 23	8	18	1	3 22	19	9
0 33 4	9	19	2	4 1	20	10
0 36 45	10	20	3	4 39	21	11
0 40 27	11	21	4	5 18	21	12
0 44 8	12	22	4	5 56	22	13
0 47 50	13	23	5	6 35	23	14
0 51 32	14	24	6	7 13	23	14
0 55 15	15	25	7	7 52	24	15
0 58 58	16	26	8	8 30	25	16
1 2 41	17	28	8	9 9	26	17
1 6 24	18	29	9	9 47	26	18
1 10 8	19	♊	10	10 26	27	19
1 13 52	20	1	11	11 4	28	19
1 17 36	21	2	12	11 43	28	20
1 21 21	22	3	12	12 21	29	21
1 25 7	23	4	13	13 0	♍	22
1 28 53	24	5	14	13 39	1	23
1 32 39	25	6	15	14 17	1	24
1 36 26	26	7	15	14 56	2	25
1 40 13	27	8	16	15 35	3	25
1 44 1	28	9	17	16 14	3	26
1 47 50	29	10	18	16 53	4	27
1 51 39	30	11	19	17 32	5	28

Sidereal Time	10	11	12	Ascen	2	3
	♉	♊	♋	♌	♍	♍
H. M. S.	°	°	°	° '	°	°
1 51 39	0	11	19	17 32	5	28
1 55 28	1	11	19	18 11	6	29
1 59 18	2	12	20	18 50	6	♎
2 3 9	3	13	21	19 29	7	1
2 7 0	4	14	22	20 9	8	2
2 10 52	5	15	22	20 48	9	2
2 14 45	6	16	23	21 28	9	3
2 18 38	7	17	24	22 8	10	4
2 22 32	8	18	25	22 47	11	5
2 26 27	9	19	25	23 27	12	6
2 30 22	10	20	26	24 7	12	7
2 34 18	11	21	27	24 48	13	8
2 38 15	12	22	28	25 28	14	9
2 42 12	13	23	29	26 8	15	10
2 46 10	14	24	29	26 49	16	11
2 50 9	15	25	♌	27 29	16	11
2 54 8	16	26	1	28 10	17	12
2 58 8	17	27	2	28 51	18	13
3 2 9	18	28	2	29 32	19	14
3 6 11	19	29	3	0♍13	19	15
3 10 13	20	♋	4	0 54	20	16
3 14 16	21	0	5	1 36	21	17
3 18 20	22	1	6	2 17	22	18
3 22 25	23	2	6	2 59	23	19
3 26 30	24	3	7	3 41	23	20
3 30 36	25	4	8	4 23	24	21
3 34 43	26	5	9	5 5	25	21
3 38 50	27	6	9	5 47	26	22
3 42 58	28	7	10	6 30	27	23
3 47 7	29	8	11	7 12	27	24
3 51 17	30	9	12	7 55	28	25

Sidereal Time	10	11	12	Ascen	2	3
	♊	♋	♌	♍	♍	♎
H. M. S.	°	°	°	° '	°	°
3 51 17	0	9	12	7 55	28	25
3 55 27	1	10	13	8 38	29	26
3 59 38	2	11	13	9 20	♎	27
4 3 49	3	12	14	10 3	1	28
4 8 1	4	12	15	10 46	2	29
4 12 14	5	13	16	11 30	2	♏
4 16 27	6	14	17	12 13	3	1
4 20 41	7	15	17	12 57	4	2
4 24 56	8	16	18	13 40	5	3
4 29 11	9	17	19	14 24	6	4
4 33 27	10	18	20	15 8	7	5
4 37 43	11	19	21	15 52	7	6
4 42 0	12	20	22	16 36	8	6
4 46 17	13	21	22	17 20	9	7
4 50 35	14	22	23	18 4	10	8
4 54 53	15	23	24	18 48	11	9
4 59 11	16	24	25	19 33	12	10
5 3 30	17	24	26	20 17	12	11
5 7 50	18	25	26	21 2	13	12
5 12 9	19	26	27	21 46	14	13
5 16 29	20	27	28	22 31	15	14
5 20 49	21	28	29	23 16	16	15
5 25 10	22	29	♍	24 1	17	16
5 29 31	23	♌	1	24 45	18	17
5 33 52	24	1	2	25 30	18	18
5 38 13	25	2	2	26 15	19	19
5 42 34	26	3	3	27 0	20	20
5 46 55	27	4	4	27 45	21	21
5 51 17	28	5	5	28 30	22	22
5 55 38	29	6	6	29 15	23	22
6 0 0	30	7	7	0♎ 0	23	23

Sidereal Time	10	11	12	Ascen	2	3
	♋	♌	♍	♎	♎	♏
H. M. S.	°	°	°	° '	°	°
6 0 0	0	7	7	0 0	23	23
6 4 22	1	8	7	0 45	24	24
6 8 43	2	8	8	1 30	25	25
6 13 5	3	9	9	2 15	26	26
6 17 26	4	10	10	3 0	27	27
6 21 47	5	11	11	3 45	28	28
6 26 8	6	12	12	4 30	28	29
6 30 29	7	13	12	5 15	29	♐
6 34 50	8	14	13	5 59	♏	1
6 39 11	9	15	14	6 44	1	2
6 43 31	10	16	15	7 29	2	3
6 47 51	11	17	16	8 14	3	4
6 52 10	12	18	17	8 58	4	5
6 56 30	13	19	18	9 43	4	6
7 0 49	14	20	18	10 27	5	6
7 5 7	15	21	19	11 12	6	7
7 9 25	16	22	20	11 56	7	8
7 13 43	17	23	21	12 40	8	9
7 18 0	18	24	22	13 24	8	10
7 22 17	19	24	23	14 8	9	11
7 26 33	20	25	23	14 52	10	12
7 30 49	21	26	24	15 36	11	13
7 35 4	22	27	25	16 20	12	14
7 39 19	23	28	26	17 3	13	15
7 43 33	24	29	27	17 47	13	16
7 47 46	25	♍	28	18 30	14	17
7 51 59	26	1	28	19 14	15	18
7 56 11	27	2	29	19 57	16	18
8 0 22	28	3	♎	20 40	17	19
8 4 33	29	4	1	21 22	17	20
8 8 43	30	5	2	22 5	18	21

Sidereal Time	10	11	12	Ascen	2	3
	♌	♍	♎	♎	♏	♐
H. M. S.	°	°	°	° '	°	°
8 8 43	0	5	2	22 5	18	21
8 12 53	1	6	3	22 48	19	22
8 17 2	2	7	3	23 30	20	23
8 21 10	3	8	4	24 13	21	24
8 25 17	4	9	5	24 55	21	25
8 29 24	5	9	6	25 37	22	26
8 33 30	6	10	7	26 19	23	27
8 37 35	7	11	7	27 1	24	28
8 41 40	8	12	8	27 43	24	29
8 45 44	9	13	9	28 24	25	♑
8 49 47	10	14	10	29 6	26	0
8 53 49	11	15	11	29 47	27	1
8 57 51	12	16	11	0♏28	28	2
9 1 52	13	17	12	1 9	28	3
9 5 52	14	18	13	1 50	29	4
9 9 51	15	19	14	2 31	♐	5
9 13 50	16	19	14	3 11	1	6
9 17 48	17	20	15	3 52	1	7
9 21 45	18	21	16	4 32	2	8
9 25 42	19	22	17	5 12	3	9
9 29 38	20	23	18	5 53	4	10
9 33 33	21	24	18	6 33	5	11
9 37 28	22	25	19	7 13	5	12
9 41 22	23	26	20	7 52	6	13
9 45 15	24	27	21	8 32	7	14
9 49 8	25	28	21	9 12	8	15
9 53 0	26	28	22	9 51	8	16
9 56 51	27	29	23	10 31	9	17
10 0 42	28	♎	24	11 10	10	18
10 4 32	29	1	24	11 49	11	19
10 8 21	30	2	25	12 28	11	19

Sidereal Time	10	11	12	Ascen	2	3
	♍	♎	♎	♏	♐	♑
H. M. S.	°	°	°	° '	°	°
10 8 21	0	2	25	12 28	11	19
10 12 10	1	3	26	13 7	12	20
10 15 59	2	4	27	13 46	13	21
10 19 47	3	5	27	14 25	14	22
10 23 34	4	5	28	15 4	15	23
10 27 21	5	6	29	15 43	15	24
10 31 7	6	7	29	16 21	16	25
10 34 53	7	8	♏	17 0	17	26
10 38 39	8	9	1	17 39	18	27
10 42 24	9	10	2	18 17	18	28
10 46 8	10	11	2	18 56	19	29
10 49 52	11	11	3	19 34	20	♒
10 53 36	12	12	4	20 13	21	1
10 57 19	13	13	4	20 51	22	2
11 1 2	14	14	5	21 30	22	4
11 4 45	15	15	6	22 8	23	5
11 8 28	16	16	7	22 47	24	6
11 12 10	17	16	7	23 25	25	7
11 15 52	18	17	8	24 4	26	8
11 19 33	19	18	9	24 42	26	9
11 23 15	20	19	9	25 21	27	10
11 26 56	21	20	10	25 59	28	11
11 30 37	22	21	11	26 38	29	12
11 34 17	23	21	12	27 16	♑	13
11 37 58	24	22	12	27 55	1	14
11 41 39	25	23	13	28 34	1	15
11 45 19	26	24	14	29 13	2	16
11 48 59	27	25	14	29 51	3	17
11 52 40	28	26	15	0♐31	4	19
11 56 20	29	26	16	1 10	5	20
12 0 0	30	27	16	1 49	6	21

Sidereal Time	10 ♎	11 ♎	12 ♏	Ascen ♐	2 ♑	3 ♒
H. M. S.	°	°	°	° '	°	°
12 0 0	0	27	16	1 49	6	21
12 3 40	1	28	17	2 28	7	22
12 7 20	2	29	18	3 7	8	23
12 11 1	3	♏	19	3 47	9	24
12 14 41	4	0	19	4 27	9	25
12 18 21	5	1	20	5 6	10	26
12 22 2	6	2	21	5 47	11	28
12 25 43	7	3	21	6 27	12	29
12 29 23	8	4	22	7 7	13	♓
12 33 4	9	4	23	7 48	14	1
12 36 45	10	5	24	8 28	15	2
12 40 27	11	6	24	9 9	16	4
12 44 8	12	7	25	9 51	17	5
12 47 50	13	8	26	10 32	18	6
12 51 32	14	9	26	11 14	19	7
12 55 15	15	9	27	11 56	20	8
12 58 58	16	10	28	12 38	21	10
13 2 41	17	11	29	13 21	22	11
13 6 24	18	12	29	14 3	24	12
13 10 8	19	13	♐	14 47	25	13
13 13 52	20	13	1	15 30	26	14
13 17 36	21	14	1	16 14	27	16
13 21 21	22	15	2	16 58	28	17
13 25 7	23	16	3	17 43	29	18
13 28 53	24	17	4	18 28	♒	19
13 32 39	25	17	4	19 13	2	21
13 36 26	26	18	5	19 59	3	22
13 40 13	27	19	6	20 46	4	23
13 44 1	28	20	7	21 33	5	25
13 47 50	29	21	7	22 20	7	26
13 51 39	30	22	8	23 8	8	27

Sidereal Time	10 ♏	11 ♏	12 ♐	Ascen ♐	2 ♒	3 ♓
H. M. S.	°	°	°	° '	°	°
13 51 39	0	22	8	23 8	8	27
13 55 28	1	22	9	23 56	9	28
13 59 18	2	23	10	24 45	11	♈
14 3 9	3	24	10	25 35	12	1
14 7 0	4	25	11	26 26	13	2
14 10 52	5	26	12	27 17	15	4
14 14 45	6	27	13	28 8	16	5
14 18 38	7	27	14	29 1	17	6
14 22 32	8	28	14	29 54	19	8
14 26 27	9	29	15	0♑48	20	9
14 30 22	10	♐	16	1 43	22	10
14 34 18	11	1	17	2 39	23	12
14 38 15	12	2	18	3 36	25	13
14 42 12	13	2	18	4 33	27	14
14 46 10	14	3	19	5 32	28	16
14 50 9	15	4	20	6 32	♓	17
14 54 8	16	5	21	7 33	1	18
14 58 8	17	6	22	8 35	3	20
15 2 9	18	7	23	9 38	5	21
15 6 11	19	8	24	10 43	6	22
15 10 13	20	8	24	11 49	8	23
15 14 16	21	9	25	12 56	10	25
15 18 20	22	10	26	14 5	12	26
15 22 25	23	11	27	15 15	13	27
15 26 30	24	12	28	16 27	15	29
15 30 36	25	13	29	17 41	17	♉
15 34 43	26	14	♑	18 57	19	1
15 38 50	27	15	1	20 14	21	3
15 42 58	28	16	2	21 34	22	4
15 47 7	29	16	3	22 55	24	5
15 51 17	30	17	4	24 19	26	7

Sidereal Time	10 ♐	11 ♐	12 ♑	Ascen ♑	2 ♓	3 ♉
H. M. S.	°	°	°	° '	°	°
15 51 17	0	17	4	24 19	26	7
15 55 27	1	18	5	25 45	28	8
15 59 38	2	19	6	27 13	♈	9
16 3 49	3	20	7	28 44	2	10
16 8 1	4	21	8	0♒18	4	12
16 12 14	5	22	9	1 54	5	13
16 16 27	6	23	10	3 33	7	14
16 20 41	7	24	11	5 15	9	15
16 24 56	8	25	12	7 0	11	17
16 29 11	9	26	13	8 49	13	18
16 33 27	10	27	14	10 41	15	19
16 37 43	11	28	15	12 36	17	20
16 42 0	12	29	17	14 35	19	22
16 46 17	13	♑	18	16 37	20	23
16 50 35	14	1	19	18 43	22	24
16 54 53	15	2	20	20 53	24	25
16 59 11	16	3	21	23 7	26	27
17 3 30	17	4	23	25 24	28	28
17 7 50	18	5	24	27 46	29	29
17 12 9	19	6	25	0♓11	♉	♊
17 16 29	20	7	27	2 40	3	1
17 20 49	21	8	28	5 12	5	2
17 25 10	22	9	29	7 48	6	4
17 29 31	23	10	♒	10 27	8	5
17 33 52	24	11	2	13 9	10	6
17 38 13	25	12	3	15 53	11	7
17 42 34	26	13	5	18 40	13	8
17 46 55	27	14	6	21 28	15	9
17 51 17	28	15	8	24 18	16	10
17 55 38	29	16	9	27 8	18	12
18 0 0	30	17	11	0♈ 0	19	13

Sidereal Time	10 ♑	11 ♑	12 ♒	Ascen ♈	2 ♉	3 ♊
H. M. S.	°	°	°	° '	°	°
18 0 0	0	17	11	0 0	19	13
18 4 22	1	18	12	2 52	21	14
18 8 43	2	20	14	5 42	22	15
18 13 5	3	21	15	8 32	24	16
18 17 26	4	22	17	11 20	25	17
18 21 47	5	23	19	14 7	27	18
18 26 8	6	24	20	16 51	28	19
18 30 29	7	25	22	19 33	29	20
18 34 50	8	26	24	22 12	♊	21
18 39 11	9	28	25	24 48	2	22
18 43 31	10	29	27	27 20	3	23
18 47 51	11	♒	29	29 49	5	24
18 52 10	12	1	♓	2♉14	6	25
18 56 30	13	2	2	4 36	7	26
19 0 49	14	3	4	6 53	9	27
19 5 7	15	5	6	9 7	10	28
19 9 25	16	6	8	11 17	11	29
19 13 43	17	7	10	13 23	12	♋
19 18 0	18	8	11	15 25	13	1
19 22 17	19	10	13	17 24	15	2
19 26 33	20	11	15	19 19	16	3
19 30 49	21	12	17	21 11	17	4
19 35 4	22	13	19	23 0	18	5
19 39 19	23	15	21	24 45	19	6
19 43 33	24	16	23	26 27	20	7
19 47 46	25	17	25	28 6	21	8
19 51 59	26	18	26	29 42	22	9
19 56 11	27	20	28	1♊16	23	10
20 0 22	28	21	♈	2 47	24	11
20 4 33	29	22	2	4 15	25	12
20 8 43	30	23	4	5 41	26	13

Sidereal Time	10 ♒	11 ♒	12 ♈	Ascen ♊	2 ♊	3 ♋
H. M. S.	°	°	°	° '	°	°
20 8 43	0	23	4	5 41	26	13
20 12 53	1	25	6	7 5	27	14
20 17 2	2	26	8	8 27	28	14
20 21 10	3	27	9	9 46	29	15
20 25 17	4	29	11	11 3	♋	16
20 29 24	5	♓	13	12 19	1	17
20 33 30	6	1	15	13 33	2	18
20 37 35	7	3	17	14 45	3	19
20 41 40	8	4	18	15 55	4	20
20 45 44	9	5	20	17 4	5	21
20 49 47	10	7	22	18 11	6	22
20 53 49	11	8	24	19 17	6	22
20 57 51	12	9	25	20 22	7	23
21 1 52	13	11	27	21 25	8	24
21 5 52	14	12	29	22 27	9	25
21 9 51	15	13	♉	23 28	10	26
21 13 50	16	14	2	24 28	11	27
21 17 48	17	16	3	25 27	12	28
21 21 45	18	17	5	26 24	12	28
21 25 42	19	18	7	27 21	13	29
21 29 38	20	20	8	28 17	14	♌
21 33 33	21	21	10	29 12	15	1
21 37 28	22	22	11	0♋ 6	16	2
21 41 22	23	24	13	0 59	16	3
21 45 15	24	25	14	1 52	17	3
21 49 8	25	26	15	2 43	18	4
21 53 0	26	28	17	3 34	19	5
21 56 51	27	29	18	4 25	20	6
22 0 42	28	♈	19	5 15	20	7
22 4 32	29	2	21	6 4	21	8
22 8 21	30	3	22	6 52	22	8

Sidereal Time	10 ♓	11 ♈	12 ♉	Ascen ♋	2 ♋	3 ♌
H. M. S.	°	°	°	° '	°	°
22 8 21	0	3	22	6 52	22	8
22 12 10	1	4	23	7 40	23	9
22 15 59	2	5	25	8 27	23	10
22 19 47	3	7	26	9 14	24	11
22 23 34	4	8	27	10 1	25	12
22 27 21	5	9	28	10 47	26	13
22 31 7	6	11	♊	11 32	26	13
22 34 53	7	12	1	12 17	27	14
22 38 39	8	13	2	13 2	28	15
22 42 24	9	14	3	13 46	29	16
22 46 8	10	16	4	14 30	29	17
22 49 52	11	17	5	15 13	♌	17
22 53 36	12	18	6	15 57	1	18
22 57 19	13	19	8	16 39	1	19
23 1 2	14	20	9	17 22	2	20
23 4 45	15	22	10	18 4	3	21
23 8 28	16	23	11	18 46	4	21
23 12 10	17	24	12	19 28	4	22
23 15 52	18	25	13	20 10	5	23
23 19 33	19	26	14	20 51	6	24
23 23 15	20	28	15	21 32	6	25
23 26 56	21	29	16	22 12	7	26
23 30 37	22	♉	17	22 53	8	26
23 34 17	23	1	18	23 33	9	27
23 37 58	24	2	19	24 13	9	28
23 41 39	25	4	20	24 54	10	29
23 45 19	26	5	21	25 33	11	♍
23 48 59	27	6	21	26 13	11	0
23 52 40	28	7	22	26 53	12	1
23 56 20	29	8	23	27 32	13	2
24 0 0	30	9	24	28 11	14	3

Sidereal Time	10 ♈	11 ♉	12 ♊	Ascen ♋	2 ♌	3 ♍
H. M. S.	°	°	°	° '	°	°
0 0 0	0	6	15	18 54	8	1
0 3 40	1	7	16	19 39	9	2
0 7 20	2	8	17	20 24	10	3
0 11 1	3	9	18	21 9	11	4
0 14 41	4	11	19	21 54	12	5
0 18 21	5	12	20	22 38	12	6
0 22 2	6	13	21	23 23	13	6
0 25 43	7	14	22	24 8	14	7
0 29 23	8	15	22	24 52	15	8
0 33 4	9	16	23	25 36	15	9
0 36 45	10	17	24	26 21	16	10
0 40 27	11	18	25	27 5	17	11
0 44 8	12	19	26	27 49	18	12
0 47 50	13	20	27	28 33	19	13
0 51 32	14	21	28	29 18	19	13
0 55 15	15	22	29	0♌ 2	20	14
0 58 58	16	23	29	0 46	21	15
1 2 41	17	24	♋	1 30	22	16
1 6 24	18	25	1	2 14	23	17
1 10 8	19	26	2	2 59	23	18
1 13 52	20	27	3	3 43	24	19
1 17 36	21	28	4	4 27	25	20
1 21 21	22	29	4	5 11	26	21
1 25 7	23	♊	5	5 56	26	22
1 28 53	24	1	6	6 40	27	22
1 32 39	25	2	7	7 25	28	23
1 36 26	26	2	8	8 9	29	24
1 40 13	27	3	9	8 54	♍	25
1 44 1	28	4	10	9 38	1	26
1 47 50	29	5	10	10 23	1	27
1 51 39	30	6	11	11 8	2	28

Sidereal Time	10 ♉	11 ♊	12 ♋	Ascen ♌	2 ♍	3 ♍
H. M. S.	°	°	°	° '	°	°
1 51 39	0	6	11	11 8	2	28
1 55 28	1	7	12	11 53	3	29
1 59 18	2	8	13	12 38	4	♎
2 3 9	3	9	14	13 23	5	1
2 7 0	4	10	15	14 8	5	2
2 10 52	5	11	15	14 54	6	3
2 14 45	6	12	16	15 39	7	4
2 18 38	7	13	17	16 25	8	5
2 22 32	8	14	18	17 10	9	5
2 26 27	9	15	19	17 56	10	6
2 30 22	10	16	20	18 42	11	7
2 34 18	11	17	20	19 28	11	8
2 38 15	12	18	21	20 15	12	9
2 42 12	13	19	22	21 1	13	10
2 46 10	14	20	23	21 47	14	11
2 50 9	15	21	24	22 34	15	12
2 54 8	16	21	25	23 21	16	13
2 58 8	17	22	25	24 8	17	14
3 2 9	18	23	26	24 55	17	15
3 6 11	19	24	27	25 42	18	16
3 10 13	20	25	28	26 30	19	17
3 14 16	21	26	29	27 17	20	18
3 18 20	22	27	♌	28 5	21	19
3 22 25	23	28	1	28 53	22	20
3 26 30	24	29	1	29 41	23	21
3 30 36	25	♋	2	0♍29	24	22
3 34 43	26	1	3	1 18	24	23
3 38 50	27	2	4	2 6	25	24
3 42 58	28	3	5	2 55	26	25
3 47 7	29	4	6	3 44	27	26
3 51 17	30	5	7	4 33	28	27

Sidereal Time	10 ♊	11 ♋	12 ♌	Ascen ♍	2 ♍	3 ♎
H. M. S.	°	°	°	° '	°	°
3 51 17	0	5	7	4 33	28	27
3 55 27	1	6	8	5 22	29	28
3 59 38	2	7	8	6 11	♎	29
4 3 49	3	8	9	7 1	1	♏
4 8 1	4	8	10	7 50	2	1
4 12 14	5	9	11	8 40	3	2
4 16 27	6	10	12	9 30	4	3
4 20 41	7	11	13	10 20	5	4
4 24 56	8	12	14	11 10	5	5
4 29 11	9	13	15	12 1	6	6
4 33 27	10	14	16	12 51	7	7
4 37 43	11	15	16	13 42	8	8
4 42 0	12	16	17	14 33	9	9
4 46 17	13	17	18	15 23	10	10
4 50 35	14	18	19	16 14	11	11
4 54 53	15	19	20	17 5	12	12
4 59 11	16	20	21	17 57	13	13
5 3 30	17	21	22	18 48	14	14
5 7 50	18	22	23	19 39	15	15
5 12 9	19	23	24	20 31	16	16
5 16 29	20	24	25	21 22	17	17
5 20 49	21	25	26	22 14	18	18
5 25 10	22	26	27	23 5	19	19
5 29 31	23	27	27	23 57	19	20
5 33 52	24	28	28	24 49	20	21
5 38 13	25	29	29	25 41	21	22
5 42 34	26	♌	♍	26 32	22	23
5 46 55	27	1	1	27 24	23	23
5 51 17	28	2	2	28 16	24	24
5 55 38	29	3	3	29 8	25	25
6 0 0	30	4	4	0♎ 0	26	26

Sidereal Time	10 ♋	11 ♌	12 ♍	Ascen ♎	2 ♎	3 ♏
H. M. S.	°	°	°	° '	°	°
6 0 0	0	4	4	0 0	26	26
6 4 22	1	5	5	0 52	27	27
6 8 43	2	6	6	1 44	28	28
6 13 5	3	7	7	2 36	29	29
6 17 26	4	7	8	3 28	♏	♐
6 21 47	5	8	9	4 19	1	1
6 26 8	6	9	10	5 11	2	2
6 30 29	7	10	11	6 3	3	3
6 34 50	8	11	11	6 55	3	4
6 39 11	9	12	12	7 46	4	5
6 43 31	10	13	13	8 38	5	6
6 47 51	11	14	14	9 29	6	7
6 52 10	12	15	15	10 21	7	8
6 56 30	13	16	16	11 12	8	9
7 0 49	14	17	17	12 4	9	10
7 5 7	15	18	18	12 55	10	11
7 9 25	16	19	19	13 46	11	12
7 13 43	17	20	20	14 37	12	13
7 18 0	18	21	21	15 27	13	14
7 22 17	19	22	22	16 18	14	15
7 26 33	20	23	23	17 9	14	16
7 30 49	21	24	24	17 59	15	17
7 35 4	22	25	25	18 50	16	18
7 39 19	23	26	25	19 40	17	19
7 43 33	24	27	26	20 30	18	20
7 47 46	25	28	27	21 20	19	21
7 51 59	26	29	28	22 10	20	22
7 56 11	27	♍	29	22 59	21	22
8 0 22	28	1	♎	23 49	22	23
8 4 33	29	2	1	24 38	22	24
8 8 43	30	3	2	25 27	23	25

Sidereal Time	10 ♌	11 ♍	12 ♎	Ascen ♎	2 ♏	3 ♐
H. M. S.	°	°	°	° '	°	°
8 8 43	0	3	2	25 27	23	25
8 12 53	1	4	3	26 16	24	26
8 17 2	2	5	4	27 5	25	27
8 21 10	3	6	5	27 54	26	28
8 25 17	4	7	6	28 42	27	29
8 29 24	5	8	6	29 31	28	♑
8 33 30	6	9	7	0♏19	29	1
8 37 35	7	10	8	1 7	29	2
8 41 40	8	11	9	1 55	♐	3
8 45 44	9	12	10	2 43	1	4
8 49 47	10	13	11	3 30	2	5
8 53 49	11	14	12	4 18	3	6
8 57 51	12	15	13	5 5	4	7
9 1 52	13	16	13	5 52	5	8
9 5 52	14	17	14	6 39	5	9
9 9 51	15	18	15	7 26	6	9
9 13 50	16	19	16	8 13	7	10
9 17 48	17	20	17	8 59	8	11
9 21 45	18	21	18	9 45	9	12
9 25 42	19	22	19	10 32	10	13
9 29 38	20	23	19	11 18	10	14
9 33 33	21	24	20	12 4	11	15
9 37 28	22	25	21	12 50	12	16
9 41 22	23	25	22	13 35	13	17
9 45 15	24	26	23	14 21	14	18
9 49 8	25	27	24	15 6	15	19
9 53 0	26	28	25	15 52	15	20
9 56 51	27	29	25	16 37	16	21
10 0 42	28	♎	26	17 22	17	22
10 4 32	29	1	27	18 7	18	23
10 8 21	30	2	28	18 52	19	24

Sidereal Time	10 ♍	11 ♎	12 ♎	Ascen ♏	2 ♐	3 ♑
H. M. S.	°	°	°	° '	°	°
10 8 21	0	2	28	18 52	19	24
10 12 10	1	3	29	19 37	20	25
10 15 59	2	4	29	20 22	20	26
10 19 47	3	5	♏	21 6	21	27
10 23 34	4	6	1	21 51	22	28
10 27 21	5	7	2	22 35	23	28
10 31 7	6	8	3	23 20	24	29
10 34 53	7	8	4	24 4	25	♒
10 38 39	8	9	4	24 49	26	1
10 42 24	9	10	5	25 33	26	2
10 46 8	10	11	6	26 17	27	3
10 49 52	11	12	7	27 1	28	4
10 53 36	12	13	7	27 46	29	5
10 57 19	13	14	8	28 30	♑	6
11 1 2	14	15	9	29 14	1	7
11 4 45	15	16	10	29 58	1	8
11 8 28	16	17	11	0♐42	2	9
11 12 10	17	17	11	1 27	3	10
11 15 52	18	18	12	2 11	4	11
11 19 33	19	19	13	2 55	5	12
11 23 15	20	20	14	3 39	6	13
11 26 56	21	21	15	4 24	7	14
11 30 37	22	22	15	5 8	8	15
11 34 17	23	23	16	5 52	8	16
11 37 58	24	24	17	6 37	9	17
11 41 39	25	24	18	7 22	10	18
11 45 19	26	25	18	8 6	11	19
11 48 59	27	26	19	8 51	12	21
11 52 40	28	27	20	9 36	13	22
11 56 20	29	28	21	10 21	14	23
12 0 0	30	29	22	11 6	15	24

Sidereal Time	10 ♎	11 ♎	12 ♏	Ascen ♐	2 ♑	3 ♒
H. M. S.	°	°	°	° '	°	°
12 0 0	0	29	22	11 6	15	24
12 3 40	1	♏	22	11 51	16	25
12 7 20	2	1	23	12 37	17	26
12 11 1	3	1	24	13 23	18	27
12 14 41	4	2	25	14 8	18	28
12 18 21	5	3	25	14 54	19	29
12 22 2	6	4	26	15 40	20	♓
12 25 43	7	5	27	16 27	21	1
12 29 23	8	6	28	17 13	22	2
12 33 4	9	7	28	18 0	23	3
12 36 45	10	7	29	18 47	24	4
12 40 27	11	8	♐	19 34	25	6
12 44 8	12	9	1	20 22	26	7
12 47 50	13	10	2	21 9	27	8
12 51 32	14	11	2	21 57	28	9
12 55 15	15	12	3	22 46	29	10
12 58 58	16	13	4	23 35	♒	11
13 2 41	17	13	5	24 24	1	12
13 6 24	18	14	6	25 13	2	13
13 10 8	19	15	6	26 3	3	15
13 13 52	20	16	7	26 53	5	16
13 17 36	21	17	8	27 43	6	17
13 21 21	22	18	9	28 34	7	18
13 25 7	23	19	9	29 25	8	19
13 28 53	24	19	10	0♑17	9	20
13 32 39	25	20	11	1 9	10	22
13 36 26	26	21	12	2 2	11	23
13 40 13	27	22	13	2 55	12	24
13 44 1	28	23	14	3 49	14	25
13 47 50	29	24	14	4 43	15	26
13 51 39	30	25	15	5 38	16	27

Sidereal Time	10 ♏	11 ♏	12 ♐	Ascen ♑	2 ♒	3 ♓
H. M. S.	°	°	°	° '	°	°
13 51 39	0	25	15	5 38	16	27
13 55 28	1	25	16	6 33	17	29
13 59 18	2	26	17	7 29	18	♈
14 3 9	3	27	18	8 26	20	1
14 7 0	4	28	19	9 23	21	2
14 10 52	5	29	19	10 21	22	3
14 14 45	6	♐	20	11 19	23	5
14 18 38	7	1	21	12 18	25	6
14 22 32	8	2	22	13 18	26	7
14 26 27	9	2	23	14 19	27	8
14 30 22	10	3	24	15 20	28	9
14 34 18	11	4	25	16 23	♓	11
14 38 15	12	5	25	17 26	1	12
14 42 12	13	6	26	18 30	2	13
14 46 10	14	7	27	19 34	4	14
14 50 9	15	8	28	20 40	5	16
14 54 8	16	9	29	21 47	6	17
14 58 8	17	9	♑	22 54	8	18
15 2 9	18	10	1	24 3	9	19
15 6 11	19	11	2	25 12	11	20
15 10 13	20	12	3	26 23	12	22
15 14 16	21	13	4	27 34	14	23
15 18 20	22	14	5	28 47	15	24
15 22 25	23	15	6	0♒ 1	16	25
15 26 30	24	16	7	1 16	18	27
15 30 36	25	17	8	2 32	19	28
15 34 43	26	18	9	3 50	21	29
15 38 50	27	19	10	5 8	22	♉
15 42 58	28	20	11	6 28	24	1
15 47 7	29	20	12	7 49	25	3
15 51 17	30	21	13	9 12	27	4

Sidereal Time	10 ♐	11 ♐	12 ♑	Ascen ♒	2 ♓	3 ♉
H. M. S.	°	°	°	° '	°	°
15 51 17	0	21	13	9 12	27	4
15 55 27	1	22	14	10 35	28	5
15 59 38	2	23	15	12 0	♈	6
16 3 49	3	24	16	13 26	1	7
16 8 1	4	25	17	14 54	3	9
16 12 14	5	26	18	16 23	4	10
16 16 27	6	27	19	17 54	6	11
16 20 41	7	28	20	19 25	7	12
16 24 56	8	29	21	20 59	9	13
16 29 11	9	♑	22	22 33	11	15
16 33 27	10	1	23	24 10	12	16
16 37 43	11	2	25	25 47	14	17
16 42 0	12	3	26	27 26	15	18
16 46 17	13	4	27	29 6	17	19
16 50 35	14	5	28	0♓47	18	20
16 54 53	15	6	29	2 30	20	22
16 59 11	16	7	♒	4 13	21	23
17 3 30	17	8	2	5 58	23	24
17 7 50	18	9	3	7 45	24	25
17 12 9	19	10	4	9 32	26	26
17 16 29	20	11	5	11 20	27	27
17 20 49	21	12	7	13 9	29	28
17 25 10	22	13	8	14 59	♉	♊
17 29 31	23	14	9	16 50	2	1
17 33 52	24	15	10	18 42	3	2
17 38 13	25	16	12	20 34	4	3
17 42 34	26	17	13	22 26	6	4
17 46 55	27	18	14	24 19	7	5
17 51 17	28	19	16	26 13	9	6
17 55 38	29	20	17	28 6	10	7
18 0 0	30	22	19	0♈ 0	11	8

Sidereal Time	10 ♑	11 ♑	12 ♒	Ascen ♈	2 ♉	3 ♊
H. M. S.	°	°	°	° '	°	°
18 0 0	0	22	19	0 0	11	8
18 4 22	1	23	20	1 54	13	10
18 8 43	2	24	21	3 47	14	11
18 13 5	3	25	23	5 41	16	12
18 17 26	4	26	24	7 34	17	13
18 21 47	5	27	26	9 26	18	14
18 26 8	6	28	27	11 18	20	15
18 30 29	7	29	28	13 10	21	16
18 34 50	8	♒	♓	15 1	22	17
18 39 11	9	2	1	16 51	23	18
18 43 31	10	3	3	18 40	25	19
18 47 51	11	4	4	20 28	26	20
18 52 10	12	5	6	22 15	27	21
18 56 30	13	6	7	24 2	28	22
19 0 49	14	7	9	25 47	♊	23
19 5 7	15	8	10	27 30	1	24
19 9 25	16	10	12	29 13	2	25
19 13 43	17	11	13	0♉54	3	26
19 18 0	18	12	15	2 34	4	27
19 22 17	19	13	16	4 13	5	28
19 26 33	20	14	18	5 50	7	29
19 30 49	21	15	19	7 27	8	♋
19 35 4	22	17	21	9 1	9	1
19 39 19	23	18	23	10 35	10	2
19 43 33	24	19	24	12 6	11	3
19 47 46	25	20	26	13 37	12	4
19 51 59	26	21	27	15 6	13	5
19 56 11	27	23	29	16 34	14	6
20 0 22	28	24	♈	18 0	15	7
20 4 33	29	25	2	19 25	16	8
20 8 43	30	26	3	20 49	17	9

Sidereal Time	10 ♒	11 ♒	12 ♈	Ascen ♉	2 ♊	3 ♋
H. M. S.	°	°	°	° '	°	°
20 8 43	0	26	3	20 49	17	9
20 12 53	1	27	5	22 11	18	10
20 17 2	2	29	6	23 32	19	10
20 21 10	3	♓	8	24 52	20	11
20 25 17	4	1	9	26 10	21	12
20 29 24	5	2	11	27 28	22	13
20 33 30	6	3	12	28 44	23	14
20 37 35	7	5	14	29 59	24	15
20 41 40	8	6	15	1♊13	25	16
20 45 44	9	7	16	2 26	26	17
20 49 47	10	8	18	3 37	27	18
20 53 49	11	10	19	4 48	28	19
20 57 51	12	11	21	5 57	29	20
21 1 52	13	12	22	7 6	♋	21
21 5 52	14	13	24	8 13	1	21
21 9 51	15	14	25	9 20	2	22
21 13 50	16	16	26	10 26	3	23
21 17 48	17	17	28	11 30	4	24
21 21 45	18	18	29	12 34	5	25
21 25 42	19	19	♉	13 37	5	26
21 29 38	20	21	2	14 40	6	27
21 33 33	21	22	3	15 41	7	28
21 37 28	22	23	4	16 42	8	28
21 41 22	23	24	5	17 42	9	29
21 45 15	24	25	7	18 41	10	♌
21 49 8	25	27	8	19 39	11	1
21 53 0	26	28	9	20 37	11	2
21 56 51	27	29	10	21 34	12	3
22 0 42	28	♈	12	22 31	13	4
22 4 32	29	1	13	23 27	14	5
22 8 21	30	3	14	24 22	15	5

Sidereal Time	10 ♓	11 ♈	12 ♉	Ascen ♊	2 ♋	3 ♌
H. M. S.	°	°	°	° '	°	°
22 8 21	0	3	14	24 22	15	5
22 12 10	1	4	15	25 17	16	6
22 15 59	2	5	16	26 11	16	7
22 19 47	3	6	18	27 5	17	8
22 23 34	4	7	19	27 58	18	9
22 27 21	5	8	20	28 51	19	10
22 31 7	6	10	21	29 43	20	11
22 34 53	7	11	22	0♋35	21	11
22 38 39	8	12	23	1 26	21	12
22 42 24	9	13	24	2 17	22	13
22 46 8	10	14	25	3 7	23	14
22 49 52	11	15	27	3 57	24	15
22 53 36	12	17	28	4 47	25	16
22 57 19	13	18	29	5 36	25	17
23 1 2	14	19	♊	6 25	26	17
23 4 45	15	20	1	7 14	27	18
23 8 28	16	21	2	8 3	28	19
23 12 10	17	22	3	8 51	28	20
23 15 52	18	23	4	9 38	29	21
23 19 33	19	24	5	10 26	♌	22
23 23 15	20	26	6	11 13	1	23
23 26 56	21	27	7	12 0	2	23
23 30 37	22	28	8	12 47	2	24
23 34 17	23	29	9	13 33	3	25
23 37 58	24	♉	10	14 20	4	26
23 41 39	25	1	11	15 6	5	27
23 45 19	26	2	12	15 52	5	28
23 48 59	27	3	12	16 38	6	29
23 52 40	28	4	13	17 23	7	29
23 56 20	29	5	14	18 9	8	♍
24 0 0	30	6	15	18 54	8	1

PROPORTIONAL LOGARITHMS FOR FINDING THE PLANETS' PLACES

min	0	1	2	3	4	5	6	7	8	9	10	11	12	13	14	15	min
	degrees or hours																
0		1.3802	1.0792	9031	7782	6812	6021	5351	4771	4260	3802	3388	3010	2663	2341	2041	0
1	3.1584	1.3730	1.0756	9007	7763	6798	6009	5341	4762	4252	3795	3382	3004	2657	2336	2036	1
2	2.8573	1.3660	1.0720	8983	7745	6784	5997	5331	4753	4244	3788	3375	2998	2652	2331	2032	2
3	2.6812	1.3590	1.0685	8959	7728	6769	5985	5320	4744	4236	3780	3368	2992	2646	2325	2027	3
4	2.5563	1.3522	1.0649	8935	7710	6755	5973	5310	4735	4228	3773	3362	2986	2640	2320	2022	4
5	2.4594	1.3454	1.0615	8912	7692	6741	5961	5300	4726	4220	3766	3355	2980	2635	2315	2017	5
6	2.3802	1.3388	1.0580	8888	7674	6726	5949	5290	4717	4212	3759	3349	2974	2629	2310	2012	6
7	2.3133	1.3323	1.0546	8865	7657	6712	5937	5279	4708	4204	3752	3342	2968	2624	2305	2008	7
8	2.2553	1.3259	1.0512	8842	7639	6698	5925	5269	4699	4196	3745	3336	2962	2618	2300	2003	8
9	2.2041	1.3195	1.0478	8819	7622	6684	5913	5259	4691	4188	3737	3329	2956	2613	2295	1998	9
10	2.1584	1.3133	1.0444	8796	7604	6670	5902	5249	4682	4180	3730	3323	2950	2607	2289	1993	10
11	2.1170	1.3071	1.0411	8773	7587	6656	5890	5239	4673	4172	3723	3316	2944	2602	2284	1988	11
12	2.0792	1.3010	1.0378	8751	7570	6642	5878	5229	4664	4164	3716	3310	2939	2596	2279	1984	12
13	2.0444	1.2950	1.0345	8728	7552	6628	5867	5219	4655	4156	3709	3303	2933	2591	2274	1979	13
14	2.0122	1.2891	1.0313	8706	7535	6614	5855	5209	4646	4149	3702	3297	2927	2585	2269	1974	14
15	1.9823	1.2833	1.0280	8683	7518	6601	5843	5199	4638	4141	3695	3291	2921	2580	2264	1969	15
16	1.9542	1.2775	1.0248	8661	7501	6587	5832	5189	4629	4133	3688	3284	2915	2574	2259	1965	16
17	1.9279	1.2719	1.0216	8639	7484	6573	5820	5179	4620	4125	3681	3278	2909	2569	2254	1960	17
18	1.9031	1.2663	1.0185	8617	7467	6559	5809	5169	4611	4117	3674	3271	2903	2564	2249	1955	18
19	1.8796	1.2607	1.0153	8595	7451	6546	5797	5159	4603	4110	3667	3265	2897	2558	2244	1950	19
20	1.8573	1.2553	1.0122	8573	7434	6532	5786	5149	4594	4102	3660	3259	2891	2553	2239	1946	20
21	1.8361	1.2499	1.0091	8552	7417	6519	5774	5139	4585	4094	3653	3252	2885	2547	2234	1941	21
22	1.8159	1.2445	1.0061	8530	7401	6505	5763	5129	4577	4086	3646	3246	2880	2542	2229	1936	22
23	1.7966	1.2393	1.0030	8509	7384	6492	5752	5120	4568	4079	3639	3239	2874	2536	2224	1932	23
24	1.7782	1.2341	1.0000	8487	7368	6478	5740	5110	4559	4071	3632	3233	2868	2531	2218	1927	24
25	1.7604	1.2289	0.9970	8466	7351	6465	5729	5100	4551	4063	3625	3227	2862	2526	2213	1922	25
26	1.7434	1.2239	0.9940	8445	7335	6451	5718	5090	4542	4055	3618	3220	2856	2520	2208	1918	26
27	1.7270	1.2188	0.9910	8424	7319	6438	5707	5081	4534	4048	3611	3214	2850	2515	2203	1913	27
28	1.7112	1.2139	0.9881	8403	7302	6425	5695	5071	4525	4040	3604	3208	2845	2510	2198	1908	28
29	1.6960	1.2090	0.9852	8382	7286	6412	5684	5061	4516	4033	3597	3201	2839	2504	2193	1903	29
30	1.6812	1.2041	0.9823	8361	7270	6398	5673	5051	4508	4025	3590	3195	2833	2499	2188	1899	30
31	1.6670	1.1993	0.9794	8341	7254	6385	5662	5042	4499	4017	3583	3189	2827	2493	2183	1894	31
32	1.6532	1.1946	0.9765	8320	7238	6372	5651	5032	4491	4010	3576	3183	2821	2488	2178	1889	32
33	1.6398	1.1899	0.9737	8300	7222	6359	5640	5023	4482	4002	3570	3176	2816	2483	2173	1885	33
34	1.6269	1.1852	0.9708	8279	7206	6346	5629	5013	4474	3995	3563	3170	2810	2477	2169	1880	34
35	1.6143	1.1806	0.9680	8259	7190	6333	5618	5004	4466	3987	3556	3164	2804	2472	2164	1876	35
36	1.6021	1.1761	0.9652	8239	7175	6320	5607	4994	4457	3979	3549	3158	2798	2467	2159	1871	36
37	1.5902	1.1716	0.9625	8219	7159	6307	5596	4984	4449	3972	3542	3151	2793	2461	2154	1866	37
38	1.5786	1.1671	0.9597	8199	7143	6294	5585	4975	4440	3964	3535	3145	2787	2456	2149	1862	38
39	1.5673	1.1627	0.9570	8179	7128	6282	5574	4965	4432	3957	3529	3139	2781	2451	2144	1857	39
40	1.5563	1.1584	0.9542	8159	7112	6269	5563	4956	4424	3949	3522	3133	2775	2445	2139	1852	40
41	1.5456	1.1540	0.9515	8140	7097	6256	5552	4947	4415	3942	3515	3126	2770	2440	2134	1848	41
42	1.5351	1.1498	0.9488	8120	7081	6243	5541	4937	4407	3934	3508	3120	2764	2435	2129	1843	42
43	1.5249	1.1455	0.9462	8101	7066	6231	5531	4928	4399	3927	3502	3114	2758	2430	2124	1839	43
44	1.5149	1.1413	0.9435	8081	7050	6218	5520	4918	4390	3919	3495	3108	2753	2424	2119	1834	44
45	1.5051	1.1372	0.9409	8062	7035	6205	5509	4909	4382	3912	3488	3102	2747	2419	2114	1829	45
46	1.4956	1.1331	0.9383	8043	7020	6193	5498	4900	4374	3905	3481	3096	2741	2414	2109	1825	46
47	1.4863	1.1290	0.9356	8023	7005	6180	5488	4890	4366	3897	3475	3089	2736	2409	2104	1820	47
48	1.4771	1.1249	0.9331	8004	6990	6168	5477	4881	4357	3890	3468	3083	2730	2403	2099	1816	48
49	1.4682	1.1209	0.9305	7985	6975	6155	5466	4872	4349	3882	3461	3077	2724	2398	2095	1811	49
50	1.4594	1.1170	0.9279	7966	6960	6143	5456	4863	4341	3875	3454	3071	2719	2393	2090	1806	50
51	1.4508	1.1130	0.9254	7948	6945	6131	5445	4853	4333	3868	3448	3065	2713	2388	2085	1802	51
52	1.4424	1.1091	0.9228	7929	6930	6118	5435	4844	4325	3860	3441	3059	2707	2382	2080	1797	52
53	1.4341	1.1053	0.9203	7910	6915	6106	5424	4835	4316	3853	3434	3053	2702	2377	2075	1793	53
54	1.4260	1.1015	0.9178	7891	6900	6094	5414	4826	4308	3846	3428	3047	2696	2372	2070	1788	54
55	1.4180	1.0977	0.9153	7873	6885	6081	5403	4817	4300	3838	3421	3041	2691	2367	2065	1784	55
56	1.4102	1.0939	0.9128	7855	6871	6069	5393	4808	4292	3831	3415	3034	2685	2362	2061	1779	56
57	1.4025	1.0902	0.9104	7836	6856	6057	5382	4798	4284	3824	3408	3028	2679	2356	2056	1775	57
58	1.3949	1.0865	0.9079	7818	6841	6045	5372	4789	4276	3817	3401	3022	2674	2351	2051	1770	58
59	1.3875	1.0828	0.9055	7800	6827	6033	5361	4780	4268	3809	3395	3016	2668	2346	2046	1765	59
	0	1	2	3	4	5	6	7	8	9	10	11	12	13	14	15	

RULE: Add proportional log of planet's daily motion to log of time from noon, and the sum will be the log of the motion required. Add this to planet's place at noon, if time is p.m., but subtract if a.m., and the sum will be planet's true position. If Retrograde, subtract for p.m., but add for a.m.

What is the long. of Moon 3 October 2023 6:30pm?
Moon's daily motion = 13°06'56"
Prop Log of 13°06'56" 0.2624
Prop Log of 6h 30m 0.5673
Moon's motion in 6h 30m = 3°33' or log 0.8297
Moon's long. = 3°♊53' + 3°33'= 7°♊26'

See pages 26-28 for daily motions